三國志卷二十一

魏書二十一

王衛二劉傳第二十一

王粲字仲宣，山陽高平人也。曾祖父龔，祖父暢，皆爲漢三公。父謙，爲大將軍何進長史。進以謙名公之胄，欲與爲婚，見其二子，使擇焉。謙弗許。以疾免，卒于家。

獻帝西遷，粲徙長安，左中郎將蔡邕見而奇之。時邕才學顯著，貴重朝廷，常車騎填巷，賓客盈坐。聞粲在門，倒屣迎之。粲至，年既幼弱，容狀短小，一坐盡驚。邕曰：『此王公孫也，有異才，吾不如也。吾家書籍文章，盡當與之。』年十七，司徒辟，詔除黄門侍郎，以西京擾亂，皆不就。乃之荆州依劉表。表以粲貌寢而體弱通侻，不甚重也。表卒。粲勸表子琮，令歸太祖。太祖辟爲丞相掾，賜爵關内侯。太祖置酒漢濱，粲奉觴賀曰：『方今袁紹起河北，仗大衆，志兼天下，然好賢而不能用，故奇士去之。劉表雍容荆楚，坐觀時變，自以爲西伯可規。士之避亂荆州者，皆海内之儁傑也；表不知所任，故國危而無輔。明公定冀州之日，下車即繕其甲卒，收其豪傑而用之，以横行天下；及平江、漢，引其賢儁而置之列位，使海内回心，望風而願治，文武並用，英雄畢力，此三王之舉也。』後遷軍謀祭酒。魏國既建，拜侍中。博物多識，問無不對。時舊儀廢弛，興造制度，粲恒典之。

初，粲與人共行，讀道邊碑，人問曰：『卿能闇誦乎？』曰：『能。』因使背而誦之，不失一字。觀人圍棋，局壞，粲爲覆之。棋者不信，以帊蓋局，使更以他局爲之。用相比校，不誤一道。其强記默識如此。性善算，作算術，略盡其理。善屬文，舉筆便成，無所改定，時人常以爲宿構；然正復精意覃思，亦不能加也。著詩、賦、論、議垂六十篇。建安二十一年，從征吴。二十二年春，道病卒，時年四十一。粲二子，爲魏諷所引，誅。後絶。

始文帝爲五官將，及平原侯植皆好文學。粲與北海徐幹字偉長、廣陵陳琳字孔璋、陳留阮瑀字元瑜、汝南應瑒字德璉、東平劉楨字公幹并見友善。

幹爲司空軍謀祭酒掾屬，五官將文學。

琳前爲何進主簿。進欲誅諸宦官，太后不聽，進乃召四方猛將，並使引兵向京城，欲以劫恐太后。琳諫進曰：『《易》稱「即鹿無虞」，諺有「掩目捕雀」。夫微物尚不可欺以得志，况國之大事，其可以詐立乎？今將軍總皇威，握兵要，龍驤虎步，高下在心；以此行事，無異於鼓洪爐以燎毛髮。但當速發雷霆，行權立斷，違經合道，天人順之；而反釋其利器，更徵於他。大兵合聚，强者爲雄，所謂倒持干戈，授人以柄；功必不成，祇爲亂階。』進不納其言，竟以取禍。琳避難冀州，袁紹使典文章。袁氏敗，琳歸太祖。太祖謂曰：『卿昔爲本初移書，但可罪狀孤而已，惡惡止其身，何乃上及父祖邪？』琳謝罪，太祖愛其才而不咎。

瑀少受學於蔡邕。建安中都護曹洪欲使掌書記，瑀終不爲屈。太祖並以琳、瑀爲司空軍謀祭酒，管記室，軍國書檄，多琳、瑀所作也。琳徙門下督，瑀爲倉曹掾屬。

瑒、楨各被太祖辟爲丞相掾屬。瑒轉爲平原侯庶子，後爲五官將文學。楨以不敬被刑，刑竟署

吏。咸著文賦數十篇。

瑀以十七年卒。幹、琳、瑒、楨二十二年卒。文帝書與元城令吳質曰：『昔年疾疫，親故多離其灾，徐、陳、應、劉，一時俱逝。觀古今文人，類不護細行，鮮能以名節自立。而偉長獨懷文抱質，恬淡寡欲，有箕山之志，可謂彬彬君子矣。著《中論》二十餘篇，辭義典雅，足傳于後。德璉常斐然有述作意，其才學足以著書，美志不遂，良可痛惜！孔璋章表殊健，微爲繁富。公幹有逸氣，但未遒耳。元瑜書記翩翩，致足樂也。仲宣獨自善於辭賦，惜其體弱，不起其文；至於所善，古人無以遠過也。昔伯牙絶弦於鍾期，仲尼覆醢于子路，痛知音之難遇，傷門人之莫逮也。諸子但爲未及古人，自一時之儁也。』

自潁川邯鄲淳、繁欽、陳留路粹、沛國丁儀、丁廙、弘農楊脩、河内荀緯等，亦有文采，而不在此七人之例。

瑒弟璩，璩子貞，咸以文章顯。璩官至侍中。貞咸熙中參相國軍事。

瑀子籍，才藻艷逸，而倜儻放蕩，行己寡欲，以莊周爲模則。官至步兵校尉。

時又有譙郡嵇康，文辭壯麗，好言老、莊，而尚奇任俠。至景元中，坐事誅。

景初中，下邳桓威出自孤微，年十八而著《渾輿經》，依道以見意。從齊國門下書佐、司徒署吏，後爲安成令。

吳質，濟陰人，以文才爲文帝所善，官至振威將軍，假節都督河北諸軍事，封列侯。

衛覬字伯儒，河東安邑人也。少夙成，以才學稱。太祖辟爲司空掾屬，除茂陵令、尚書郎。太祖征袁紹，而劉表爲紹援，關中諸將又中立。益州牧劉璋與表有隙，覬以治書侍御史使益州，令璋下兵以綴表軍。至長安，道路不通，覬不得進，遂留鎮關中。時四方大有還民，關中諸將多引爲部曲，覬書與荀彧曰：『關中膏腴之地，頃遭荒亂，人民流入荆州者十萬餘家，聞本土安寧，皆企望思歸。而歸者無以自業，諸將各競招懷，以爲部曲。郡縣貧弱，不能與爭，兵家遂强。一旦變動，必有後憂。夫鹽，國之大寶也，自亂來散放，宜如舊置使者監賣，以其直益市犁牛。若有歸民，以供給之。勤耕積粟，以豐殖關中。遠民聞之，必日夜競還。又使司隸校尉留治關中以爲之主，則諸將日削，官民日盛，此强本弱敵之利也。』彧以白太祖。太祖從之，始遣謁者僕射監鹽官，司隸校尉治弘農。關中服從，乃白召覬還，稍遷尚書。魏國既建，拜侍中，與王粲並典制度。文帝即王位，徙爲尚書。頃之，還漢朝爲侍郎，勸贊禪代之義，爲文誥之詔。文帝踐阼，復爲尚書，封陽吉亭侯。

明帝即位，進封閿鄉侯，三百户。覬奏曰：『九章之律，自古所傳，斷定刑罪，其意微妙。百里長吏，皆宜知律。刑法者，國家之所貴重，而私議之所輕賤；獄吏者，百姓之所縣命，而選用者之所卑下。王政之弊，未必不由此也。請置律博士，轉相教授。』事遂施行。時百姓凋匱而役務方殷，覬上疏曰：『夫變情厲性，强所不能，人臣言之既不易，人主受之又艱難。且人之所樂者富貴顯榮也，所惡者貧賤死亡也，然此四者，君上之所制也，君愛之則富貴顯榮，君惡之則貧賤死亡；順指者愛所由來，逆意者惡所從至也。故人臣皆争順指而避逆意，非破家爲國，殺身成君者，誰能犯顔色，觸

忌諱，建一言，開一説哉？陛下留意察之，則臣下之情可見矣。今議者多好悦耳，其言政治則比陛下於堯舜，其言征伐則比二虜於貍鼠。臣以爲不然。昔漢文之時，諸侯强大，賈誼累息以爲至危。況今四海之内，分而爲三，群士陳力，各爲其主。其來降者，未肯言捨邪就正，咸稱迫於困急，是與六國分治，無以爲異也。當今千里無烟，遺民困苦，陛下不善留意，將遂凋弊不可復振。禮，天子之器必有金玉之飾，飲食之肴必有八珍之味，至於凶荒，則徹膳降服。然則奢儉之節，必視世之豐約也。武皇帝之時，後宫食不過一肉，衣不用錦綉，茵蓐不緣飾，器物無丹漆，用能平定天下，遺福子孫。此皆陛下之所親覽也。當今之務，宜君臣上下，並用籌策，計校府庫，量入爲出。深思句踐滋民之術，由恐不及，而尚方所造金銀之物，漸更增廣，工役不輟，侈靡日崇，帑藏日竭。昔漢武信求神仙之道，謂當得雲表之露以餐玉屑，故立仙掌以承高露。陛下通明，每所非笑。漢武有求於露，而由尚見非，陛下無求於露而空設之，不益於好而糜費功夫，誠皆聖慮所宜裁制也。」覬歷漢、魏，時獻忠言，率如此。

受詔典著作，又爲《魏官儀》，凡所撰述數十篇。好古文、鳥篆、隸草，無所不善。建安末，尚書右丞河南潘勖，黄初時，散騎常侍河内王象，亦與覬並以文章顯。覬薨，謚曰敬侯。子瓘嗣。瓘咸熙中爲鎮西將軍。

劉廙字恭嗣，南陽安衆人也。年十歲，戲於講堂上，潁川司馬德操拊其頭曰：「孺子，孺子，「黄中通理」，寧自知不？」廙兄望之，有名於世，荆州牧劉表辟爲從事。而其友二人，皆以讒毁，爲表所誅。望之又以正諫不合，投傳告歸。廙謂望之曰：「趙殺鳴、犢，仲尼回輪。今兄既不能法柳下惠和光同塵於内，則宜模范蠡遷化於外。坐而自絶於時，殆不可也！」望之不從，尋復見害。廙懼，奔揚州，遂歸太祖。太祖辟爲丞相掾屬，轉五官將文學。文帝器之，命廙通草書。廙答書曰：「初以尊卑有逾，禮之常分也。是以貪守區區之節，不敢脩草。必如嚴命，誠知勞謙之素，不貴殊異若彼之高，而惇白屋如斯之好，苟使郭隗不輕於燕，九九不忽於齊，樂毅自至，霸業以隆。虧匹夫之節，成巍巍之美，雖愚不敏，何敢以辭？」魏國初建，爲黄門侍郎。

太祖在長安，欲親征蜀，廙上疏曰：「聖人不以智輕俗，王者不以人廢言。故能成功於千載者，必以近察遠，智周於獨斷者，不耻於下問，亦欲博采必盡於衆也。且韋弦非能言之物，而聖賢引以自匡。臣才智闇淺，願自比於韋弦。昔樂毅能以弱燕破大齊，而不能以輕兵定即墨者，夫自爲計者雖弱必固，欲自潰者雖强必敗也。自殿下起軍以來，三十餘年，敵無不破，强無不服。今以海内之兵，百勝之威，而孫權負險於吴，劉備不賓於蜀。夫夷狄之臣，不當冀州之卒，權、備之籍，不比袁紹之業，然本初以亡，而二寇未捷，非闇弱於今而智武於昔也。斯自爲計者，與欲自潰者異勢耳。故文王伐崇，三駕不下，歸而脩德，然後服之。秦爲諸侯，所征必服，及兼天下，東向稱帝，匹夫大呼而社稷用隳。是力斃於外，而不恤民於内也。臣恐邊寇非六國之敵，而世不乏才，土崩之勢，此不可不察也。天下有重得，有重失：勢可得而我勤之，此重得也；勢不可得而我勤之，此重失也。於今之計，莫若料四方之險，擇要害之處而守之，選天下之甲卒，隨方面而歲更焉。殿下可高枕於廣夏，潛思

動：誠皆取賊之常計也。然自治兵以來，出入三載，非掩襲之軍也。賊之爲寇，幾六十年矣，君臣僞立，吉凶共患，又喪其元帥，上下憂危，設令列船津要，堅城據險，橫行之計，其殆難捷。惟進軍大佃，最差完牢。兵出民表，寇鈔不犯；坐食積穀，不煩運士；乘釁討襲，無遠勞費：此軍之急務也。昔樊噲願以十萬之衆，橫行匈奴，季布面折其短。今欲越長江，涉虜庭，亦向時之喻也。未若明法練士，錯計於全勝之地，振長策以禦敵之餘燼，斯必然之數也。』後吳大將諸葛恪新破東關，乘勝揚聲欲向青、徐，朝廷將爲之備。嘏議以爲『淮海非賊輕行之路，又昔孫權遣兵入海，漂浪沉溺，略無孑遺，恪豈敢傾根竭本，寄命洪流，以徼乾沒乎？恪不過遣偏率小將素習水軍者，乘海泝淮，示動青、徐，恪自并兵來向淮南耳』。後恪果圖新城，不克而歸。

嘏常論才性同異，鍾會集而論之。嘉平末，賜爵關內侯。高貴鄉公即尊位，進封武鄉亭侯。正元二年春，毌丘儉、文欽作亂。或以司馬景王不宜自行，可遣太尉孚往，惟嘏及王肅勸之。景王遂行。以嘏守尚書僕射，俱東。儉、欽破敗，嘏有謀焉。及景王薨，嘏與司馬文王徑還洛陽，文王遂以輔政。語在《鍾會傳》。會由是有自矜色，嘏戒之曰：『子志大其量，而勳業難爲也，可不慎哉！』嘏以功進封陽鄉侯，增邑六百户，并前千二百户。是歲薨，時年四十七，追贈太常，謚曰元侯。子祗嗣。咸熙中開建五等，以嘏著勳前朝，改封祗涇原子。

評曰：昔文帝、陳王以公子之尊，博好文采，同聲相應，才士並出，惟粲等六人最見名目。而粲特處常伯之官，興一代之制，然其沖虛德宇，未若徐幹之粹也。衞覬亦以多識典故，相時王之式。劉劭該覽學籍，文質周洽。劉廙以清鑒著，傅嘏用才達顯云。

時太祖議復肉刑，令曰：『安得通理君子達於古今者，使平斯事乎！昔陳鴻臚以爲死刑有可加於仁恩者，正謂此也。御史中丞能申其父之論乎？』群對曰：『臣父紀以爲漢除肉刑而增加笞，本興仁惻而死者更衆，所謂名輕而實重者也。名輕則易犯，實重則傷民。《書》曰：「惟敬五刑，以成三德。」《易》著劓、刖、滅趾之法，所以輔政助教，懲惡息殺也。且殺人償死，合於古制；至於傷人，或殘毀其體而裁翦毛髮，非其理也。若用古刑，使淫者下蠶室，盜者刖其足，則永無淫放穿窬之姦矣。夫三千之屬，雖未可悉復，若斯數者，時之所患，宜先施用。漢律所殺殊死之罪，仁所不及也，其餘逮死者，可以刑殺。如此，則所刑之與所生足以相貿矣。今以笞死之法易不殺之刑，是重人支體而輕人軀命也。』時鍾繇與群議同，王朗及議者多以爲未可行。太祖深善繇、群言，以軍事未罷，顧衆議，故且寢。

群轉爲侍中，領丞相東西曹掾。在朝無適無莫，雅杖名義，不以非道假人。文帝在東宮，深敬器焉，待以交友之禮，常歎曰：『自吾有回，門人日以親。』及即王位，封群昌武亭侯，徙爲尚書。制九品官人之法，群所建也。及踐阼，遷尚書僕射，加侍中，徙尚書令，進爵潁鄉侯。帝征孫權，至廣陵，使群領中領軍。帝還，假節，都督水軍。還許昌，以群爲鎮軍大將軍，領中護軍，録尚書事。帝寢疾，群與曹真、司馬宣王等並受遺詔輔政。明帝即位，進封潁陰侯，增邑五百，並前千三百户，與征東大將軍曹休、中軍大將軍曹真、撫軍大將軍司馬宣王並開府。頃之，爲司空，故録尚書事。

是時，帝初莅政，群上疏曰：『《詩》稱「儀刑文王，萬邦作孚」；又曰「刑于寡妻，至于兄弟，以御于家邦」。道自近始，而化洽於天下。自喪亂已來，干戈未戢，百姓不識王教之本，懼其陵遲已甚。陛下當盛魏之隆，荷二祖之業，天下想望至治，唯有以崇德布化，惠恤黎庶，則兆民幸甚。夫臣下雷同，是非相蔽，國之大患也。若不和睦則有讎黨，有讎黨則毁譽無端，毁譽無端則真僞失實，不可不深防備，有以絶其源流。』太和中，曹真表欲數道伐蜀，從斜谷入。群以爲『太祖昔到陽平攻張魯，多收豆麥以益軍糧，魯未下而食猶乏。今既無所因，且斜谷阻險，難以進退，轉運必見鈔截，多留兵守要，則損戰士，不可不熟慮也』。帝從群議。真復表從子午道。群又陳其不便，並言軍事用度之計。詔以群議下真，真據之遂行。會霖雨積日，群又以爲宜詔真還，帝從之。

後皇女淑薨，追封謚平原懿公主。群上疏曰：『長短有命，存亡有分。故聖人制禮，或抑或致，以求厥中。防墓有不脩之儉，嬴、博有不歸之魂。夫大人動合天地，垂之無窮，又大德不逾閑，動爲師表故也。八歲下殤，禮所不備，况未期月，而以成人禮送之，加爲制服，舉朝素衣，朝夕哭臨，自古已來，未有此比。而乃復自往視陵，親臨祖載。願陛下抑割無益有損之事，但悉聽群臣送葬，乞車駕不行，此萬國之至望也。聞車駕欲幸摩陂，實到許昌，二宫上下，皆悉俱東，舉朝大小，莫不驚怪。或言欲以避衰，或言欲於便處移殿舍，或不知何故。臣以爲吉凶有命，禍福由人，移徙求安，則亦無益。若必當移避，繕治金墉城西宫，及孟津别宫，皆可權時分止。可無舉宫暴露野次，廢損盛節蠶農之要。又賊地聞之，以爲大衰。加所煩費，不可計量。且由吉士賢人，當盛衰，處安危，秉道信命，非徙其家以寧，鄉邑從其風化，無恐懼之心。况乃帝王萬國之主，静則天下安，動則天下擾；行止動

可當，而將軍以烏合之卒，繼敗軍之後，將士失氣，隴右傾蕩。古人有言：「蝮蛇螫手，壯士解其腕。」《孫子》曰：「兵有所不擊，地有所不守。」蓋小有所失而大有所全故也。今隴右之害，過於蝮蛇，狄道之地，非徒不守之謂。姜維之兵，是所辟之鋒。不如割險自保，觀釁待弊，然後進救，此計之得者也』。泰曰：「姜維提輕兵深入，正欲與我爭鋒原野，求一戰之利。王經當高壁深壘，挫其鋭氣。今乃與戰，使賊得計，走破王經，封之狄道。若維以戰克之威，進兵東向，據櫟陽積穀之實，放兵收降，招納羌、胡，東争關、隴，傳檄四郡，此我之所惡也。而維以乘勝之兵，挫峻城之下，鋭氣之卒，屈力致命，攻守勢殊，客主不同。兵書云『脩櫓轒輼，三月乃成，拒堙三月而後已』。誠非輕軍遠入，維之詭謀倉卒所辦。縣軍遠僑，糧穀不繼，是我速進破賊之時也，所謂疾雷不及掩耳，自然之勢也。洮水帶其表，維等在其内，今乘高據勢，臨其項領，不戰必走。寇不可縱，圍不可久，君等何言如此？」遂進軍度高城嶺，潛行，夜至狄道東南高山上，多舉烽火，鳴鼓角。狄道城中將士見救者至，皆憤踊。維始謂官救兵當須衆集乃發，而卒聞已至，謂有奇變宿謀，上下震懼。自軍之發隴西也，以山道深險，賊必設伏。泰詭從南道，維果三日施伏。定軍潛行，卒出其南，維乃緣山突至，泰與交戰，維退還。涼州軍從金城南至沃干阪。泰與經共密期，當共向其還路，維等聞之，遂遁，城中將士得出。經嘆曰：「糧不至旬，向不應機，舉城屠裂，覆喪一州矣。」泰慰勞將士，前後遣還，更差軍守，並治城壘，還屯上邽。

初，泰聞經見圍，以州軍將士素皆一心，加得保城，非維所能卒傾。表上進軍晨夜速到還。衆議以經奔北，城不足自固，維若斷涼州之道，兼四郡民夷，據關、隴之險，敢能没經軍而屠隴右。宜須大兵四集，乃致攻討。大將軍司馬文王曰：「昔諸葛亮常有此志，卒亦不能。事大謀遠，非維所任也。且城非倉卒所拔，而糧少爲急，征西速救，得上策矣。」泰每以一方有事，輒以虚聲擾動天下，故希簡白上事，驛書不過六百里。司馬文王語荀顗曰：「玄伯沈勇能斷，荷方伯之重，救將陷之城，而不求益兵，又希簡上事，必能辦賊故也。都督大將，不當爾邪！」

後徵泰爲尚書右僕射，典選舉，加侍中光禄大夫。吴大將孫峻出淮、泗。以泰爲鎮軍將軍，假節都督淮北諸軍事，詔徐州監軍已下受泰節度。峻退，軍還，轉爲左僕射。諸葛誕作亂壽春，司馬文王率六軍軍丘頭，泰總署行臺。司馬景王、文王皆與泰親友，及沛國武陔亦與泰善。文王問陔曰：「玄伯何如其父司空也？」陔曰：「通雅博暢，能以天下聲教爲己任者，不如也；明統簡至，立功立事，過之。」泰前後以功增邑二千六百户，賜子弟一人亭侯，二人關内侯。景元元年薨，追贈司空。謚曰穆侯。子恂嗣。恂薨，無嗣。弟温紹封。咸熙中開建五等，以泰著勳前朝，改封温爲慎子。

陳矯字季弼，廣陵東陽人也。避亂江東及東城，辭孫策、袁術之命，還本郡。太守陳登請爲功曹，使矯詣許，謂曰：「許下論議，待吾不足；足下相爲觀察，還以見誨。」矯還曰：「聞遠近之論，頗謂明府驕而自矜。」登曰：「夫閨門雍穆，有德有行，吾敬陳元方兄弟；淵清玉絜，有禮有法，吾敬華子魚；清脩疾惡，有識有義，吾敬趙元達；博聞强記，奇逸卓犖，吾敬孔文舉；雄姿傑出，有王霸之略，吾敬劉玄德：所敬如此，何驕之有！餘子瑣瑣，亦焉足録哉？」登雅意如此，而深敬友

矯。郡爲孫權所圍於匡奇，登令矯求救於太祖。矯説太祖曰：『鄙郡雖小，形便之國也，若蒙救援，使爲外藩，則吴人剉謀，徐方永安，武聲遠震，仁愛滂流，未從之國，望風景附，崇德養威，此王業也。』太祖奇矯，欲留之。矯辭曰：『本國倒縣，本奔走告急，縱無申胥之效，敢忘弘演之義乎？』太祖乃遣赴救。吴軍既退，登多設閒伏，勒兵追奔，大破之。

太祖辟矯爲司空掾屬，除相令，征南長史，彭城、樂陵太守，魏郡西部都尉。曲周民父病，以牛禱，縣結正棄市。矯曰：『此孝子也。』表赦之。遷魏郡太守。時繫囚千數，至有歷年，矯以爲周有三典之制，漢約三章之法，今惜輕重之理，而忽久繫之患，可謂謬矣。悉自覽罪狀，一時論決。大軍東征，入爲丞相長史。軍還，復爲魏郡，轉西曹屬。從征漢中，還爲尚書。行前未到鄴，太祖崩洛陽，群臣拘常，以爲太子即位，當須詔命。矯曰：『王薨于外，天下惶懼。太子宜割哀即位，以繫遠近之望。且又愛子在側，彼此生變，則社稷危矣。』即具官備禮，一日皆辦。明旦，以王后令，策太子即位，大赦蕩然。文帝曰：『陳季弼臨大節，明略過人，信一時之俊傑也。』帝既踐阼，轉署吏部，封高陵亭侯，遷尚書令。明帝即位，進爵東鄉侯，邑六百户。車駕嘗卒至尚書門，矯跪問帝曰：『陛下欲何之？』帝曰：『欲案行文書耳。』矯曰：『此自臣職分，非陛下所宜臨也。若臣不稱其職，則請就黜退。陛下宜還。』帝慚，回車而反。其亮直如此。加侍中光禄大夫，遷司徒。景初元年薨，謚曰貞侯。

子本嗣，歷位郡守、九卿。所在操綱領，舉大體，能使群下自盡。有統御之才，不親小事，不讀法律而得廷尉之稱，優於司馬岐等，精練文理。遷鎮北將軍，假節都督河北諸軍事。薨，子粲嗣。本弟騫，咸熙中爲車騎將軍。

初，矯爲郡功曹，使過泰山。泰山太守東郡薛悌異之，結爲親友。戲謂矯曰：『以郡吏而交二千石，鄰國君屈從陪臣游，不亦可乎！』悌後爲魏郡及尚書令，皆承代矯云。

徐宣字寶堅，廣陵海西人也。避亂江東，又辭孫策之命，還本郡。與陳矯並爲綱紀，二人齊名而私好不協，然俱見器於太守陳登，與登並心於太祖。海西、淮浦二縣民作亂，都尉衛彌、令梁習夜奔宣家，密送免之。太祖遣督軍扈質來討賊，以兵少不進。宣潛見責之，示以形勢，質乃進破賊。太祖辟爲司空掾屬，除東緡、發干令，遷齊郡太守，入爲門下督，從到壽春。會馬超作亂，大軍西征，太祖見官屬曰：『今當遠征，而此方未定，以爲後憂，宜得清公大德以鎮統之。』乃以宣爲左護軍，留統諸軍。還，爲丞相東曹掾，出爲魏郡太守。太祖崩洛陽，群臣入殿中發哀。或言可易諸城守，用譙、沛人。宣厲聲曰：『今者遠近一統，人懷效節，何必譙、沛，而沮宿衛者心。』文帝聞曰：『所謂社稷之臣也。』帝既踐阼，爲御史中丞，賜爵關内侯，徙城門校尉，旬月遷司隸校尉，轉散騎常侍。從至廣陵，六軍乘舟，風浪暴起，帝船回倒，宣病在後，陵波而前，群寮莫先至者。帝壯之，遷尚書。

明帝即位，封津陽亭侯，邑二百户。中領軍桓範薦宣曰：『臣聞帝王用人，度世授才，爭奪之時，以策略爲先，分定之後，以忠義爲首。故晉文行舅犯之計而賞雍季之言，高祖用陳平之智而托後於周勃也。竊見尚書徐宣，體忠厚之行，秉直亮之性；清雅特立，不拘世俗；確然難動，有社稷

之節；歷位州郡，所在稱職。今僕射缺，宜行掌後事；腹心任重，莫宜宣者。』帝遂以宣爲左僕射，後加侍中光禄大夫。車駕幸許昌，總統留事。帝還，主者奏呈文書。詔曰：『吾省與僕射何異？』竟不視。尚方令坐猥見考竟，宣上疏陳威刑大過，又諫作宮殿窮盡民力，帝皆手詔嘉納。宣曰：『七十有縣車之禮，今已六十八，可以去矣。』乃固辭疾遜位，帝終不許。青龍四年薨，遺令布衣疏巾，斂以時服。詔曰：『宣體履至實，直内方外，歷在三朝，公亮正色，有托孤寄命之節，可謂柱石臣也。常欲倚以台輔，未及登之，惜乎大命不永！其追贈車騎將軍，葬如公禮。』謚曰貞侯。子欽嗣。

衛臻字公振，陳留襄邑人也。父兹，有大節，不應三公之辟。太祖之初至陳留，兹曰：『平天下者，必此人也。』太祖亦異之，數詣兹議大事。從討董卓，戰于滎陽而卒。太祖每涉郡境，輒遣使祠焉。夏侯惇爲陳留太守，舉臻計吏，命婦出宴，臻以爲『末世之俗，非禮之正』。惇怒，執臻，既而赦之。後爲漢黄門侍郎。東郡朱越謀反，引臻。太祖令曰：『孤與卿君同共舉事，加欽令問。始聞越言，固自不信。及得荀令君書，具亮忠誠。』會奉詔命，聘貴人于魏，因表留臻參丞相軍事。追録臻父舊勳，賜爵關内侯，轉爲户曹掾。文帝即王位，爲散騎常侍。及踐阼，封安國亭侯。時群臣並頌魏德，多抑損前朝。臻獨明禪授之義，稱揚漢美。帝數目臻曰：『天下之珍，當與山陽共之。』遷尚書，轉侍中吏部尚書。帝幸廣陵，行中領軍，從。征東大將軍曹休表得降賊辭，『孫權已在濡須口』。臻曰：『權恃長江，未敢抗衡，此必畏怖僞辭耳。』考核降者，果守將詐所作也。

明帝即位，進封康鄉侯，後轉爲右僕射，典選舉，如前加侍中。中護軍蔣濟遺臻書曰：『漢祖遇亡虜爲上將，周武拔漁父爲太師；布衣厮養，可登王公，何必守文，試而後用？』臻答曰：『古人遺智慧而任度量，須考績而加黜陟；今子同牧野於成、康，喻斷蛇於文、景，好不經之舉，開拔奇之津，將使天下馳騁而起矣。』諸葛亮寇天水，臻奏：『宜遣奇兵入散關，絶其糧道。』乃以臻爲征蜀將軍，假節督諸軍事，到長安，亮退。還，復職，加光禄大夫。是時，帝方隆意於殿舍，臻數切諫。及殿中監擅收蘭臺令史，臻奏案之。詔曰：『殿舍不成，吾所留心，卿推之何？』臻上疏曰：『古制侵官之法，非惡其勤事也，誠以所益者小，所墮者大也。臣每察校事，類皆如此，懼群司將遂越職，以至陵遲矣。』亮又出斜谷；征南上：『朱然等軍已過荆城。』臻曰：『然，吴之驍將，必下從權，且爲勢以綴征南耳。』權果召然入居巢，進攻合肥。帝欲自東征，臻曰：『權外示應亮，内實觀望。且合肥城固，不足爲慮。車駕可無親征，以省六軍之費。』帝到尋陽而權竟退。

幽州刺史毌丘儉上疏曰：『陛下即位已來，未有可書。吴、蜀恃險，未可卒平，聊可以此方無用之士克定遼東。』臻曰：『儉所陳皆戰國細術，非王者之事也。吴頻歲稱兵，寇亂邊境，而猶案甲養士，未果尋致討者，誠以百姓疲勞故也。且淵生長海表，相承三世，外撫戎夷，内脩戰射，而儉欲以偏軍長驅，朝至夕卷，知其妄矣。』儉行軍遂不利。

臻遷爲司空，徙司徒。正始中，進爵長垣侯，邑千户，封一子列侯。初，太祖久不立太子，而方奇貴臨菑侯。丁儀等爲之羽翼，勸臻自結，臻以大義拒之。及文帝即位，東海王霖有寵，帝問臻：『平原侯何如？』臻稱明德美而終不言。曹爽輔政，使夏侯玄宣指，欲引臻入守尚書令，及爲弟求婚，皆

不許。固乞遜位。詔曰：『昔干木偃息，義壓强秦；留侯頤神，不忘楚事。讜言嘉謀，望不吝焉。』賜宅一區，位特進，秩如三司。薨，追贈太尉，謚曰敬侯。子烈嗣，咸熙中爲光祿勳。

盧毓字子家，涿郡涿人也。父植，有名於世。毓十歲而孤，遇本州亂，二兄死難。當袁紹、公孫瓚交兵，幽冀饑荒，養寡嫂孤兄子，以學行見稱。文帝爲五官將，召毓署門下賊曹。崔琰舉爲冀州主簿。時天下草創，多逋逃，故重士亡法，罪及妻子。亡士妻白等，始適夫家數日，未與夫相見，大理奏棄市。毓駁之曰：『夫女子之情，以接見而恩生，成婦而義重。故《詩》云「未見君子，我心傷悲；亦既見止，我心則夷」。又《禮》「未廟見之婦而死，歸葬女氏之黨，以未成婦也」。今白等生有未見之悲，死有非婦之痛，而吏議欲肆之大辟，則若同牢合巹之後，罪何所加？且《記》曰「附從輕」，言附人之罪，以輕者爲比也。又《書》云「與其殺不辜，寧失不經」，恐過重也。苟以白等皆受禮聘，已入門庭，刑之爲可，殺之爲重。』太祖曰：『毓執之是也。又引經典有意，使孤歎息。』由是爲丞相法曹議令史，轉西曹議令史。

魏國既建，爲吏部郎。文帝踐阼，徙黃門侍郎，出爲濟陰相，梁、譙二郡太守。帝以譙舊鄉，故大徙民充之，以爲屯田。而譙土地墝瘠，百姓窮困，毓愍之，上表徙民於梁國就沃衍，失帝意。雖聽毓所表，心猶恨之，遂左遷毓，使將徙民爲睢陽典農校尉。毓心在利民，躬自臨視，擇居美田，百姓賴之。遷安平、廣平太守，所在有惠化。

青龍二年，入爲侍中。先是，散騎常侍劉劭受詔定律，未就。毓上論古今科律之意，以爲法宜一正，不宜有兩端，使奸吏得容情。及侍中高堂隆數以宮室事切諫，帝不悅，毓進曰：『臣聞君明則臣直，古之聖王恐不聞其過，故有敢諫之鼓。近臣盡規，此乃臣等所以不及隆。隆諸生，名爲狂直，陛下宜容之。』在職三年，多所駁爭。詔曰：『官人秩才，聖帝所難，必須良佐，進可替否。侍中毓稟性貞固，心平體正，可謂明試有功，不懈于位者也。其以毓爲吏部尚書。』使毓自選代，曰：『得如卿者乃可。』毓舉常侍鄭沖，帝曰：『文和，吾自知之，更舉吾所未聞者。』乃舉阮武、孫邕，帝於是用邕。

前此諸葛誕、鄧颺等馳名譽，有四聰八達之誚，帝疾之。時舉中書郎，詔曰：『得其人與否，在盧生耳。選舉莫取有名，名如畫地作餅，不可啖也。』毓對曰：『名不足以致異人，而可以得常士。常士畏教慕善，然後有名，非所當疾也。愚臣既不足以識異人，又主者正以循名案常爲職，但當有以驗其後。故古者敷奏以言，明試以功。今考績之法廢，而以毀譽相進退，故真僞渾雜，虛實相蒙。』帝納其言，即詔作考課法。會司徒缺，毓舉處士管寧，帝不能用。更問其次，毓對曰：『敦篤至行，則太中大夫韓暨；亮直清方，則司隸校尉崔林；貞固純粹，則太常常林。』帝乃用暨。毓於人及選舉，先舉性行，而後言才。黃門李豐嘗以問毓，毓曰：『才所以爲善也，故大才成大善，小才成小善。今稱之有才而不能爲善，是才不中器也。』豐等服其言。

齊王即位，賜爵關內侯。時曹爽秉權，將樹其黨，徙毓僕射，以侍中何晏代毓。頃之，出毓爲廷尉，司隸畢軌又枉奏免官，衆論多訟之，乃以毓爲光祿勳。爽等見收，太傅司馬宣王使毓行司隸校尉，治其獄。復爲吏部尚書，加奉車都尉，封高樂亭侯，轉爲僕射，故典選舉，加光祿大夫。高貴鄉公

即位，進封大梁鄉侯。封一子亭侯。毌丘儉作亂，大將軍司馬景王出征，毓綱紀後事，加侍中。正元三年，疾病，遜位。遷爲司空，固推驃騎將軍王昶、光祿大夫王觀、司隸校尉王祥。詔使使者即授印綬，進爵封容城侯，邑二千三百户。甘露二年薨，謚曰成侯。孫藩嗣。毓子欽、珽，咸熙中欽爲尚書，珽泰山太守。

評曰：桓階識睹成敗，才周當世。陳群動仗名義，有清流雅望；泰弘濟簡至，允克堂構矣。魏世事統臺閣，重内輕外，故八座尚書，即古六卿之任也。陳、徐、衛、盧，久居斯位，矯、宣剛斷骨鯁，臻、毓規鑒清理，咸不忝厥職云。

魏書二十三

和常楊杜趙裴傳第二十三

和洽字陽士，汝南西平人也。舉孝廉，大將軍辟，皆不就。袁紹在冀州，遣使迎汝南士大夫。洽獨以『冀州土平民强，英桀所利，四戰之地。本初乘資，雖能强大，然雄豪方起，全未可必也。荆州劉表無他遠志，愛人樂士，土地險阻，山夷民弱，易依倚也』。遂與親舊俱南從表，表以上客待之。洽曰：『所以不從本初，辟爭地也。昏世之主，不可黷近，久而阽危，必有讒慝閒其中者。』遂南度武陵。

太祖定荆州，辟爲丞相掾屬。時毛玠、崔琰並以忠清幹事，其選用先尚儉節。洽言曰：『天下大器，在位與人，不可以一節檢也。儉素過中，自以處身則可，以此節格物，所失或多。今朝廷之議，吏有著新衣、乘好車者，謂之不清；長吏過營，形容不飾，衣裘敝壞者，謂之廉潔。至令士大夫故汚辱其衣，藏其輿服；朝府大吏，或自挈壺餐以入官寺。夫立教觀俗，貴處中庸，爲可繼也。今崇一概難堪之行以檢殊塗，勉而爲之，必有疲瘁。古之大教，務在通人情而已。凡激詭之行，則容隱僞矣。』

魏國既建，爲侍中，後有白毛玠謗毁太祖，太祖見近臣，怒甚。洽陳玠素行有本，求案實其事。罷朝，太祖令曰：『今言事者白玠不但謗吾也，乃復爲崔琰觖望。此損君臣恩義，妄爲死友怨嘆，殆

不可忍也。昔蕭、曹與高祖並起微賤，致功立勳。高祖每在屈笮，二相恭順，臣道益彰，所以祚及後世也。和侍中比求實之，所以不聽，欲重參之耳。』洽對曰：『如言事者言，玠罪過深重，非天地所覆載。臣非敢曲理玠以枉大倫也，以玠出羣吏之中，特見拔擢，顯在首職，歷年荷寵，剛直忠公，爲衆所憚，不宜有此。然人情難保，要宜考覈，兩驗其實。今聖恩垂含垢之仁，不忍致之于理，更使曲直之分不明，疑自近始。』太祖曰：『所以不考，欲兩全玠及言事者耳。』洽對曰：『玠信有謗上之言，當肆之市朝；若玠無此，言事者加誣大臣以誤主聽；二者不加檢覈，臣竊不安。』太祖曰：『方有軍事，安可受人言便考之邪？狐射姑刺陽處父於朝，此爲君之誡也。』

太祖克張魯，洽陳便宜以時拔軍徙民，可省置守之費。太祖未納，其後竟徙民棄漢中。出爲郎中令。文帝踐阼，爲光祿勳，封安城亭侯。明帝即位，進封西陵鄉侯，邑二百户。

太和中，散騎常侍高堂隆奏：『時風不至，而有休廢之氣，必有司不勤職事以失天常也。』詔書謙虚引咎，博諮異同。洽以爲『民稀耕少，浮食者多。國以民爲本，民以穀爲命。故廢一時之農，則失育命之本。是以先王務蠲煩費，以專耕農。自春夏以來，民窮於役，農業有廢，百姓囂然，時風不至，未必不由此也。消復之術，莫大於節儉。太祖建立洪業，奉師徒之費，供軍賞之用，吏士豐於資食，倉府衍於穀帛，由不飾無用之宮，絶浮華之費。方今之要，固在息省勞煩之役，損除他餘之務，以爲軍戎之儲。三邊守禦，宜在備豫。料賊虚實，蓄士養衆，算廟勝之策，明攻取之謀，詳詢衆庶以求厥中。若謀不素定，輕弱小敵，軍人數舉，舉而無庸，所謂「悦武無震」，古人之誡也』。

轉爲太常，清貧守約，至賣田宅以自給。明帝聞之，加賜穀帛。薨，謚曰簡侯。子离嗣。离弟逌，才爽開濟，官至廷尉、吏部尚書。

洽同郡許混者，許劭子也。清醇有鑒識，明帝時爲尚書。

常林字伯槐，河内温人也。年七歲，有父黨造門，問林：『伯先在否？汝何不拜！』林曰：『雖當下客，臨子字父，何拜之有？』於是咸共嘉之。太守王匡起兵討董卓，遣諸生於屬縣微伺吏民罪負，便收之，考責錢穀贖罪，稽遲則夷滅宗族，以崇威嚴。林叔父撾客，爲諸生所白，匡怒收治。舉宗惶怖，不知所責多少，懼繫者不救。林往見匡同縣胡母彪曰：『王府君以文武高才，臨吾鄙郡。鄙郡表裏山河，土廣民殷，又多賢能，惟所擇用。今主上幼沖，賊臣虎據，華夏震慄，雄才奮用之秋也。若欲誅天下之賊，扶王室之微，智者望風，應之若響，克亂在和，何征不捷。苟無恩德，任失其人，覆亡將至，何暇匡翼朝廷，崇立功名乎？君其藏之！』因說叔父見拘之意。彪即書責匡，匡原林叔父。林乃避地上黨，耕種山阿。當時旱蝗，林獨豐收，盡呼比鄰，升斗分之。依故河間太守陳延壁。陳、馮二姓，舊族冠冕。張楊利其婦女，貪其資貨。林率其宗族，爲之策謀。見圍六十餘日，卒全堡壁。

并州刺史高幹表爲騎都尉，林辭不受。後刺史梁習薦州界名士林及楊俊、王淩、王象、荀緯，太祖皆以爲縣長。林宰南和，治化有成，超遷博陵太守、幽州刺史，所在有績。文帝爲五官將，林爲功曹。太祖西征，田銀、蘇伯反，幽、冀扇動。文帝欲親自討之，林曰：『昔忝博陵，又在幽州，賊之形勢，可料度也。北方吏民，樂安厭亂，服化已久，守善者多。銀、伯犬羊相聚，智小謀大，不能爲害。方今大軍在遠，外有強敵，將軍爲天下之鎮也，輕動遠舉，雖克不武。』文帝從之，遣將往伐，應時克滅。

出爲平原太守、魏郡東部都尉，入爲丞相東曹屬。魏國既建，拜尚書。文帝踐阼，遷少府，封樂陽亭侯，轉大司農。明帝即位，進封高陽鄉侯，徙光禄勳太常。晉宣王以林鄉邑耆德，每爲之拜。或謂林曰：『司馬公貴重，君宜止之。』林曰：『司馬公自欲敦長幼之叙，爲後生之法。貴非吾之所畏，拜非吾之所制也。』言者踧踖而退。時論以林節操清峻，欲致之公輔，而林遂稱疾篤。拜光禄大夫。年八十三，薨，追贈驃騎將軍，葬如公禮，謚曰貞侯。子旹嗣，爲泰山太守，坐法誅。旹弟静紹封。

楊俊字季才，河内獲嘉人也。受學陳留邊讓，讓器異之。俊以兵亂方起，而河内處四達之衢，必爲戰場，乃扶持老弱詣京、密山間，同行者百餘家。俊振濟貧乏，通共有無。宗族知故爲人所略作奴僕者凡六家，俊皆傾財贖之。司馬宣王年十六七，與俊相遇，俊曰：『此非常之人也。』又司馬朗早有聲名，其族兄芝，衆未之知，惟俊言曰：『芝雖夙望不及朗，實理但有優耳。』俊轉避地并州。本郡王象，少孤特，爲人僕隸，年十七八，見使牧羊而私讀書，因被箠楚。俊嘉其才質，即贖象著家，聘娶立屋，然後與別。

太祖除俊曲梁長，入爲丞相掾屬，舉茂才，安陵令，遷南陽太守。宣德教，立學校，吏民稱之。徙

爲征南軍師。魏國既建，遷中尉。太祖征漢中，魏諷反於鄴。俊自劾詣行在所。俊以身方罪免，箋辭太子。太子不悅，曰：『楊中尉便去，何太高遠邪！』遂被書左遷平原太守。文帝踐阼，復在南陽。時王象爲散騎常侍，薦俊曰：『伏見南陽太守楊俊，秉純粹之茂質，履忠肅之弘量，體仁足以育物，篤實足以動衆，克長後進，惠訓不倦，外寬內直，仁而有斷。自初彈冠，所歷垂化，再守南陽，恩德流著，殊鄰異黨，襁負而至。今境守清靜，無所展其智能，宜還本朝，宣力輦轂，熙帝之載。』

俊自少及長，以人倫自任。同郡審固、陳留衛恂本皆出自兵伍，俊資拔獎致，咸作佳士；後固歷位郡守，恂御史、縣令，其明鑒行義多此類也。初，臨菑侯與俊善，太祖適嗣未定，密訪群司。俊雖並論文帝、臨菑才分所長，不適有所據當，然稱臨菑猶美，文帝常以恨之。黃初三年，車駕至宛，以市不豐樂，發怒收俊。尚書僕射司馬宣王、常侍王象、荀緯請俊，叩頭流血，帝不許。俊曰：『吾知罪矣。』遂自殺。衆冤痛之。

杜襲字子緒，潁川定陵人也。曾祖父安，祖父根，著名前世。襲避亂荆州，劉表待以賓禮。同郡繁欽數見奇於表，襲喻之曰：『吾所以與子俱來者，徒欲龍蟠幽藪，待時鳳翔。豈謂劉牧當爲撥亂之主，而規長者委身哉？子若見能不已，非吾徒也。吾其與子絕矣！』欽慨然曰：『請敬受命。』襲遂南適長沙。

建安初，太祖迎天子都許。襲逃還鄉里，太祖以爲西鄂長。縣濱南境，寇賊縱橫。時長吏皆斂民保城郭，不得農業。野荒民困，倉庾空虛。襲自知恩結於民，乃遣老弱各分散就田業，留丁强備守，吏民歡悅。會荆州出步騎萬人來攻城，襲乃悉召縣吏民任拒守者五十餘人，與之要誓。其親戚在外欲自營護者，恣聽遣出；皆叩頭願致死。於是身執矢石，率與戮力。吏民感恩，咸爲用命。臨陳斬數百級，而襲衆死者三十餘人，其餘十八人盡被創，賊得入城。襲帥傷痍吏民決圍得出，死喪略盡，而無反背者。遂收散民，徙至摩陂營，吏民慕而從之如歸。

司隸鍾繇表拜議郎參軍事。荀彧又薦襲，太祖以爲丞相軍祭酒。魏國既建，爲侍中，與王粲、和洽並用。粲强識博聞，故太祖游觀出入，多得驂乘，至其見敬不及洽、襲。襲嘗獨見，至于夜半。粲性躁競，起坐曰：『不知公對杜襲道何等也？』洽笑答曰：『天下事豈有盡邪？卿晝侍可矣，悒悒於此，欲兼之乎！』後襲領丞相長史，隨太祖到漢中討張魯。太祖還，拜襲駙馬都尉，留督漢中軍事。綏懷開導，百姓自樂出徙洛、鄴者，八萬餘口。夏侯淵爲劉備所沒，軍喪元帥，將士失色。襲與張郃、郭淮糾攝諸軍事，權宜以郃爲督，以一衆心，三軍遂定。太祖東還，當選留府長史，鎮守長安，主者所選多不當，太祖令曰：『釋騏驥而不乘，焉皇皇而更索？』遂以襲爲留府長史，駐關中。

時將軍許攸擁部曲，不附太祖而有慢言。太祖大怒，先欲伐之。群臣多諫：『可招懷攸，共討强敵。』太祖橫刀於膝，作色不聽。襲入欲諫，太祖逆謂之曰：『吾計以定，卿勿復言。』襲曰：『若殿下計是邪，臣方助殿下成之；若殿下計非邪，雖成宜改之。殿下逆臣，令勿言之，何待下之不闓乎？』太祖曰：『許攸慢吾，如何可置乎？』襲曰：『殿下謂許攸何如人邪？』太祖曰：『凡人也。』襲曰：『夫惟賢知賢，惟聖知聖，凡人安能知非凡人邪？方今豺狼當路而狐狸是先，人將謂殿下避

强攻弱，進不爲勇，退不爲仁。臣聞千鈞之弩不爲鼷鼠發機，萬石之鍾不以莛撞起音，今區區之許攸，何足以勞神武哉？』太祖曰：『善。』遂厚撫攸，攸即歸服。時夏侯尚暱於太子，情好至密。襲謂尚非益友，不足殊待，以聞太祖。文帝初甚不悦，後乃追思。語在《尚傳》。其柔而不犯，皆此類也。

文帝即王位，賜爵關内侯。及踐阼，爲督軍糧御史，封武平亭侯，更爲督軍糧執法，入爲尚書。明帝即位，進封平陽鄉侯。諸葛亮出秦川，大將軍曹真督諸軍拒亮，徙襲爲大將軍軍師，分邑百户賜兄基爵關内侯。真薨，司馬宣王代之，襲復爲軍師，增邑三百，并前五百五十户。以疾徵還，拜太中大夫。薨，追贈少府，謚曰定侯。子會嗣。

趙儼字伯然，潁川陽翟人也。避亂荆州，與杜襲、繁欽通財同計，合爲一家。太祖始迎獻帝都許，儼謂欽曰：『曹鎮東應期命世，必能匡濟華夏，吾知歸矣。』建安二年，年二十七，遂扶持老弱詣太祖，太祖以儼爲朗陵長。縣多豪猾，無所畏忌。儼取其尤甚者，收縛案驗，皆得死罪。儼既囚之，乃表府解放，自是威恩並著。時袁紹舉兵南侵，遣使招誘豫州諸郡，諸郡多受其命。惟陽安郡不動，而都尉李通急録户調。儼見通曰：『方今天下未集，諸郡並叛，懷附者復收其綿絹，小人樂亂，能無遺恨！且遠近多虞，不可不詳也。』通曰：『紹與大將軍相持甚急，左右郡縣背叛乃爾。若綿絹不調送，觀聽者必謂我顧望，有所須待也。』儼曰：『誠亦如君慮；然當權其輕重，小緩調，當爲君釋此患。』乃書與荀彧曰：『今陽安郡當送綿絹，道路艱阻，必致寇害。百姓困窮，鄰城並叛，易用傾蕩，乃一方安危之機也。且此郡人執守忠節，在險不貳。微善必賞，則爲義者勸。善爲國者，藏之於民。以爲國家宜垂慰撫，所斂綿絹，皆俾還之。』彧報曰：『輒白曹公，公文下郡，綿絹悉以還民。』上下

歡喜，郡内遂安。

入爲司空掾屬主簿。時于禁屯潁陰，樂進屯陽翟，張遼屯長社，諸將任氣，多共不協；使儼並參三軍，每事訓喻，遂相親睦。太祖征荆州，以儼領章陵太守，徙都督護軍，護于禁、張遼、張郃、朱靈、李典、路招、馮楷七軍。復爲丞相主簿，遷扶風太守。太祖徙出故韓遂、馬超等兵五千餘人，使平難將軍殷署等督領，以儼爲關中護軍，盡統諸軍。羌虜數來寇害，儼率署等追到新平，大破之。屯田客呂並自稱將軍，聚黨據陳倉，儼復率署等攻之，賊即破滅。

時被書差千二百兵往助漢中守，署督送之。行者卒與室家别，皆有憂色。署發後一日，儼慮其有變，乃自追至斜谷口，人人慰勞，又深戒署。還宿雍州刺史張既舍。署軍復前四十里，兵果叛亂，未知署吉凶。而儼自隨步騎百五十人，皆與叛者同部曲，或婚姻，得此問，各驚，被甲持兵，不復自安。儼欲還，既等以爲『今本營黨已擾亂，一身赴之無益，可須定問』。儼曰：『雖疑本營與叛者同謀，要當聞行者變，乃發之。又有欲善不能自定，宜及猶豫，促撫寧之。且爲之元帥，既不能安輯，身受禍難，命也。』遂去。行三十里止，放馬息，盡呼所從人，喻以成敗，慰勵懇切。皆慷慨曰：『死生當隨護軍，不敢有二。』前到諸營，各召料簡諸奸結叛者八百餘人，散在原野，惟取其造謀魁率治之，餘一不問。郡縣所收送，皆放遣，乃即相率還降。儼密白：『宜遣將詣大營，請舊兵鎮守關中。』太祖遣將軍劉柱將二千人，當須到乃發遣，而事露，諸營大駭，不可安喻。儼謂諸將曰：『舊兵既

魏書 吕布臧洪傳第二十三

少，東兵未到，是以諸營圖爲邪謀。若或成變，爲難不測。因其狐疑，當令早決。』遂宣言當差留新兵之温厚者千人鎮守關中，其餘悉遣東。便見主者，内諸營兵名籍，案累重，立差别之。留者意定，與儼同心。其當去者亦不敢動，儼一日盡遣上道，因使所留千人，分布羅落之。東兵尋至，乃復脅喻，并徙千人，令相及共東，凡所全致二萬餘口。

關羽圍征南將軍曹仁於樊。儼以議郎參仁軍事南行，與平寇將軍徐晃俱前。既到，羽圍仁遂堅，餘救兵未到。晃所督不足解圍，而諸將呵責晃促救。儼謂諸將曰：『今賊圍素固，水潦猶盛。我徒卒單少，而仁隔絶不得同力，此舉適所以弊内外耳。當今不若前軍偪圍，遣諜通仁，使知外救，以勵將士。計北軍不過十日，尚足堅守。然後表裏俱發，破賊必矣。如有緩救之戮，余爲諸軍當之。』諸將皆喜，便作地道，箭飛書與仁，消息數通，北軍亦至，并勢大戰。羽軍既退，舟船猶據沔水，襄陽隔絶不通，而孫權襲取羽輜重，羽聞之，即走南還。仁會諸將議，咸曰：『今因羽危懼，必可追禽也。』儼曰：『權邀羽連兵之難，欲掩制其後，顧羽還救，恐我承其兩疲，故順辭求效，乘釁因變，以觀利鈍耳。今羽已孤迸，更宜存之以爲權害。若深入追北，權則改虞於彼，將生患於我矣。王必以此爲深慮。』仁乃解嚴。太祖聞羽走，恐諸將追之，果疾敕仁，如儼所策。

文帝即王位，爲侍中。頃之，拜駙馬都尉，領河東太守，典農中郎將。黄初三年，賜爵關内侯。孫權寇邊，征東大將軍曹休統五州軍禦之，徵儼爲軍師。權衆退，軍還，封宜土亭侯，轉爲度支中郎將，遷尚書。從征吳，到廣陵，復留爲征東軍師。明帝即位，進封都鄉侯，邑六百户，監荆州諸軍事，

假節。會疾，不行，復爲尚書，出監豫州諸軍事，轉大司馬軍師，入爲大司農。齊王即位，以儼監雍、凉諸軍事，假節，轉征蜀將軍，又遷征西將軍，都督雍、凉。正始四年，老疾求還，徵爲驃騎將軍，遷司空。薨，謚曰穆侯。子亭嗣。初，儼與同郡辛毗、陳群、杜襲並知名，號曰辛、陳、杜、趙云。

裴潛字文行，河東聞喜人也。避亂荆州，劉表待以賓禮。潛私謂所親王粲、司馬芝曰：『劉牧非霸王之才，乃欲西伯自處，其敗無日矣。』遂南適長沙。太祖定荆州，以潛參丞相軍事，出歷三縣令，入爲倉曹屬。太祖問潛曰：『卿前與劉備俱在荆州，卿以備才略何如？』潛曰：『使居中國，能亂人而不能爲治也。若乘間守險，足以爲一方主。』

時代郡大亂，以潛爲代郡太守。烏丸王及其大人，凡三人，各自稱單于，專制郡事。前太守莫能治正，太祖欲授潛精兵以鎮討之。潛辭曰：『代郡户口殷衆，士馬控弦，動有萬數。單于自知放横日久，内不自安。今多將兵往，必懼而拒境，少將則不見憚。宜以計謀圖之，不可以兵威迫也。』遂單車之郡。單于驚喜。潛撫之以静。單于以下脱帽稽顙，悉還前後所掠婦女、器械、財物。潛案誅郡中大吏與單于爲表裏者郝温、郭端等十餘人，北邊大震，百姓歸心。在代三年，還爲丞相理曹掾，太祖褒稱治代之功，潛曰：『潛於百姓雖寬，於諸胡爲峻。今計者必以潛爲理過嚴，而事加寬惠；彼素驕恣，過寬必弛，既弛又將攝之以法，此訟争所由生也。以勢料之，代必復叛。』於是太祖深悔還潛之速。後數十日，三單于反問至，乃遣鄢陵侯彰爲驍騎將軍征之。

潛出爲沛國相，遷兖州刺史。太祖次摩陂，嘆其軍陳齊整，特加賞賜。文帝踐阼，入爲散騎常

侍。出爲魏郡、潁川典農中郎將，奏通貢舉，比之郡國，由是農官進仕路泰。遷荆州刺史，賜爵關内侯。明帝即位，入爲尚書。出爲河南尹，轉太尉軍師、大司農，封清陽亭侯，邑二百户。入爲尚書令，奏正分職，料簡名實，出事使斷官府者百五十餘條。喪父去官，拜光禄大夫。正始五年薨，追贈太常，謚曰貞侯。子秀嗣。遺令儉葬，墓中惟置一坐，瓦器數枚，其餘一無所設。秀，咸熙中爲尚書僕射。

評曰：和洽清和幹理，常林素業純固，楊俊人倫行義，杜襲温粹識統，趙儼剛毅有度，裴潛平恒貞幹，皆一世之美士也。至林能不繫心於三司，以大夫告老，美矣哉！

三國志卷二十四

魏書二十四

韓崔高孫王傳第二十四

韓暨字公至，南陽堵陽人也。同縣豪右陳茂，譖暨父兄，幾至大辟。暨陽不以爲言，庸賃積資，陰結死士，遂追呼尋禽茂，以首祭父墓，由是顯名。舉孝廉，司空辟，皆不就。乃變名姓，隱居避亂魯陽山中。山民合黨，欲行寇掠。暨散家財以供牛酒，請其渠帥，爲陳安危。山民化之，終不爲害。避袁術命召，徙居山都之山。荆州牧劉表禮辟，遂遁逃，南居孱陵界，所在見敬愛，而表深恨之。暨懼，應命，除宜城長。

太祖平荆州，辟爲丞相士曹屬。後遷樂陵太守，徙監冶謁者。舊時冶作馬排，每一熟石用馬百匹；更作人排，又費功力；暨乃因長流爲水排，計其利益，三倍於前。在職七年，器用充實。制書褒歎，就加司金都尉，班亞九卿。文帝踐阼，封宜城亭侯。黄初七年，遷太常，進封南鄉亭侯，邑二百户。

時新都洛陽，制度未備，而宗廟主祏皆在鄴都。暨奏請迎鄴四廟神主，建立洛陽廟，四時蒸嘗，親奉粢盛。崇明正禮，廢去淫祀，多所匡正。在官八年，以疾遜位。景初二年春，詔曰：『太中大夫韓暨，澡身浴德，志節高絜，年逾八十，守道彌固，可謂純篤，老而益劭者也。其以暨爲司徒。』夏四月薨，遺令斂以時服，葬爲土藏。謚曰恭侯。子肇嗣。肇薨，子邦嗣。

崔林字德儒，清河東武城人也。少時晚成，宗族莫知，惟從兄琰異之。太祖定冀州，召除鄔長，貧無車馬，單步之官。太祖征壺關，問長吏德政最者，并州刺史張陟以林對，於是擢爲冀州主簿，徙署別駕、丞相掾屬。魏國既建，稍遷御史中丞。

文帝踐阼，拜尚書，出爲幽州刺史。北中郎將吴質統河北軍事，涿郡太守王雄謂林別駕曰：『吴中郎將，上所親重，國之貴臣也。仗節統事，州郡莫不奉箋致敬，而崔使君初不與相聞。若以邊塞不脩斬卿，使君寧能護卿邪？』別駕具以白林，林曰：『刺史視去此州如脱屣，寧當相累邪？此州與胡虜接，宜鎮之以静，擾之則動其逆心，特爲國家生北顧憂，以此爲寄。』在官一期，寇竊寢息；猶以不事上司，左遷河間太守，清論多爲林怨也。

遷大鴻臚。龜茲王遣侍子來朝，朝廷嘉其遠至，褒賞其王甚厚。餘國各遣子來朝，閒使連屬，林恐所遣或非真的，權取疏屬賈胡，因通使命，利得印綬，而道路護送，所損滋多。勞所養之民，資無益之事，爲夷狄所笑，此曩時之所患也。乃移書燉煌喻指，并録前世待遇諸國豐約故事，使有恒常。

明帝即位，賜爵關内侯，轉光禄勳、司隸校尉。屬郡皆罷非法除過員吏。林爲政推誠，簡存大體，是以去後每輒見思。

散騎常侍劉劭作《考課論》，制下百僚。林議曰：『案《周官》考課，其文備矣，自康王以下，遂以陵遲，此即考課之法存乎其人也。及漢之季，其失豈在乎佐吏之職不密哉？方今軍旅，或猥或卒，備之以科條，申之以内外，增減無常，固難一矣。且萬目不張舉其綱，衆毛不整振其領。皋陶仕虞，

曰：『善。』即止不殺金母、弟，蒙活者甚衆。

遷爲潁川太守，復還爲法曹掾。時置校事盧洪、趙達等，使察群下，柔諫曰：『設官分職，各有所司。今置校事，既非居上信下之旨，又達等數以憎愛擅作威福，宜檢治之。』太祖曰：『卿知達等，恐不如吾也。要能刺舉而辨衆事，使賢人君子爲之，則不能也。昔叔孫通用群盜，良有以也。』達等後奸利發，太祖殺之以謝於柔。

文帝踐阼，以柔爲治書侍御史，賜爵關内侯，轉加治書執法。民間數有誹謗妖言，帝疾之，有妖言輒殺，而賞告者。柔上疏曰：『今妖言者必戮，告之者輒賞。既使過誤無反善之路，又將開凶狡之群相誣罔之漸，誠非所以息奸省訟，緝熙治道也。昔周公作誥，稱殷之祖宗，咸不顧小人之怨。在漢太宗，亦除妖言誹謗之令。臣愚以爲宜除妖謗賞告之法，以隆天父養物之仁。』帝不即從，而相誣告者滋甚。帝乃下詔：『敢以誹謗相告者，以所告者罪罪之。』於是遂絶。校事劉慈等，自黄初初數年之間，舉吏民奸罪以萬數，柔皆請懲虚實；其餘小小挂法者，不過罰金。四年，遷爲廷尉。

魏初，三公無事，又希與朝政。柔上疏曰：『天地以四時成功，元首以輔弼興治；成湯仗阿衡之佐，文、武憑旦、望之力，逮至漢初，蕭、曹之儔並以元勳代作心膂，此皆明王聖主任臣於上，賢相良輔股肱於下也。今公輔之臣，皆國之棟梁，民所具瞻，而置之三事，不使知政，遂各偃息養高，鮮有進納，誠非朝廷崇用大臣之義，大臣獻可替否之謂也。古者刑政有疑，輒議於槐棘之下。自今之後，朝有疑議及刑獄大事，宜數以咨訪三公。三公朝朔望之日，又可特延入，講論得失，博盡事情，庶有裨起天聽，弘益大化。』帝嘉納焉。

帝以宿嫌，欲枉法誅治書執法鮑勛，而柔固執不從詔命。帝怒甚，遂召柔詣臺；遣使者承指至廷尉考竟勛，勛死乃遣柔還寺。

明帝即位，封柔延壽亭侯。時博士執經，柔上疏曰：『臣聞遵道重學，聖人洪訓；褒文崇儒，帝者明義。昔漢末陵遲，禮樂崩壞，雄戰虎争，以戰陳爲務，遂使儒林之群，幽隱而不顯。太祖初興，愍其如此，在於撥亂之際，並使郡縣立教學之官。高祖即位，遂闡其業，興復辟雍，州立課試，於是天下之士，復聞庠序之教，親俎豆之禮焉。陛下臨政，允迪叡哲，敷弘大猷，光濟先軌，雖夏啓之承基，周成之繼業，誠無以加也。然今博士皆經明行脩，一國清選，而使遷除限不過長，懼非所以崇顯儒術，帥勵怠惰也。孔子稱「舉善而教不能則勸」，故楚禮申公，學士鋭精，漢隆卓茂，搢紳競慕。臣以爲博士者，道之淵藪，六藝所宗，宜隨學行優劣，待以不次之位。敦崇道教，以勸學者，於化爲弘。』帝納之。

後大興殿舍，百姓勞役；廣采衆女，充盈後宫；後宫皇子連夭，繼嗣未育。柔上疏曰：『二虜狡猾，潛自講肄，謀動干戈，未圖束手；宜畜養將士，繕治甲兵，以逸待之。而頃興造殿舍，上下勞擾；若使吴、蜀知人虚實，通謀并勢，復俱送死，甚不易也。昔漢文惜十家之資，不營小臺之娱；去病慮匈奴之害，不遑治第之事。況今所損者非惟百金之費，所憂者非徒北狄之患乎？可粗成見所營立，以充朝宴之儀。乞罷作者，使得就農。二方平定，復可徐興。昔軒轅以二十五子，傳祚彌遠；

周室以姬國四十，歷年滋多。陛下聰達，窮理盡性，而頃皇子連多夭逝，熊羆之祥又未感應。群下之心，莫不悒戚。《周禮》，天子后妃以下百二十人，嬪嬙之儀，既以盛矣。竊聞後庭之數，或復過之，聖嗣不昌，殆能由此。臣愚以爲可妙簡淑媛，以備內官之數，其餘盡遣還家。且以育精養神，專靜爲寶。如此，則螽斯之徵，可庶而致矣。』帝報曰：『知卿忠允，乃心王室，輒克昌言；他復以聞。』

時獵法甚峻。宜陽典農劉龜竊於禁內射兔，其功曹張京詣校事言之。帝匿京名，收龜付獄。柔表請告者名，帝大怒曰：『劉龜當死，乃敢獵吾禁地。送龜廷尉，廷尉便當考掠，何復請告者主名，吾豈妄收龜邪？』柔曰：『廷尉，天下之平也，安得以至尊喜怒而毀法乎？』重復爲奏，辭指深切。帝意寤，乃下京名。即還訊，各當其罪。

時制，吏遭大喪者，百日後皆給役。有司徒吏解弘遭父喪，後有軍事，受敕當行，以疾病爲辭。詔怒曰：『汝非曾、閔，何言毀邪？』促收考竟。柔見弘信甚羸劣，奏陳其事，宜加寬貸。帝乃詔曰：『孝哉弘也！其原之。』

初，公孫淵兄晃，爲叔父恭任內侍，先淵未反，數陳其變。及淵謀逆，帝不忍市斬，欲就獄殺之。柔上疏曰：『《書》稱「用罪伐厥死，用德彰厥善」，此王制之明典也。晃及妻子，叛逆之類，誠應梟縣，勿使遺育。而臣竊聞晃先數自歸，陳淵禍萌，雖爲凶族，原心可恕。夫仲尼亮司馬牛之憂，祁奚明叔向之過，在昔之美義也。臣以爲晃信有言，宜貸其死；苟自無言，便當市斬。今進不赦其命，退不彰其罪，閉著囹圄，使自引分，四方觀國，或疑此舉也。』帝不聽，竟遣使齎金屑飲晃及其妻子，賜以棺、衣，殯斂於宅。

是時，殺禁地鹿者身死，財產沒官，有能覺告者厚加賞賜。柔上疏曰：『聖王之御世，莫不以廣農爲務，儉用爲資。夫農廣則穀積，用儉則財畜，畜財積穀而有憂患之虞者，未之有也。古者，一夫不耕，或爲之饑；一婦不織，或爲之寒。中間已來，百姓供給衆役，親田者既減，加頃復有獵禁，群鹿犯暴，殘食生苗，處處爲害，所傷不貲。民雖障防，力不能禦。至如滎陽左右，周數百里，歲略不收，元元之命，實可矜傷。方今天下生財者甚少，而麋鹿之損者甚多。卒有兵戎之役，凶年之災，將無以待之。惟陛下覽先聖之所念，愍稼穡之艱難，寬放民閒，使得捕鹿，遂除其禁，則衆庶久濟，莫不悅豫矣。』

頃之，護軍營士竇禮近出不還。營以爲亡，表言逐捕，沒其妻盈及男女爲官奴婢。盈連至州府，稱冤自訟，莫有省者。乃辭詣廷尉。柔問曰：『汝何以知夫不亡？』盈垂泣對曰：『夫少單特，養一老嫗爲母，事甚恭謹，又哀兒女，撫視不離，非是輕狡不顧室家者也。』柔重問曰：『汝夫不與人有怨讎乎？』對曰：『夫良善，與人無讎。』又曰：『汝夫不與人交錢財乎？』對曰：『嘗出錢與同營士焦子文，求不得。』時子文適坐小事繫獄，柔乃見子文，問所坐。言次，曰：『汝頗曾舉人錢不？』子文曰：『自以單貧，初不敢舉人錢物也。』柔察子文色動，遂曰：『汝昔舉竇禮錢，何言不邪？』子文怪知事露，應對不次。柔曰：『汝已殺禮，便宜早服。』子文於是叩頭，具首殺禮本末，埋藏處所。柔便遣吏卒，承子文辭往掘禮，即得其尸。詔書復盈母子爲平民。班下天下，以禮爲戒。

在官二十三年，轉爲太常，旬日遷司空，後徙司徒。太傅司馬宣王奏免曹爽，皇太后詔召柔假節行大將軍事，據爽營。太傅謂柔曰：『君爲周勃矣。』爽誅，進封萬歲鄉侯。高貴鄉公即位，進封安國侯，轉爲太尉。常道鄉公即位，增邑并前四千，前後封二子亭侯。景元四年，年九十薨，謚曰元侯。孫渾嗣。咸熙中，開建五等，以柔等著勳前朝，改封渾昌陸子。

孫禮字德達，涿郡容城人也。太祖平幽州，召爲司空軍謀掾。初喪亂時，禮與母相失，同郡馬台求得禮母，禮推家財盡以與台。台後坐法當死，禮私導令逾獄自首，既而曰：『臣無逃亡之義。』徑詣刺奸主簿温恢。恢嘉之，具白太祖，各減死一等。

後除河間郡丞，稍遷滎陽都尉。魯山中賊數百人，保固險阻，爲民作害；乃徙禮爲魯相。禮至官，出俸穀，發吏民，募首級，招納降附，使還爲間，應時平泰。歷山陽、平原、平昌、琅邪太守。從大司馬曹休征吳於夾石，禮諫以爲不可深入，不從而敗。遷陽平太守，入爲尚書。

明帝方修宮室，而節氣不和，天下少穀。禮固爭罷役，詔曰：『敬納讜言，促遣民作。』時李惠監作，復奏留一月，有所成訖。禮徑至作所，不復重奏，稱詔罷民，帝奇其意而不責也。

帝獵於大石山，虎趨乘輿，禮便投鞭下馬，欲奮劍斫虎，詔令禮上馬。明帝臨崩之時，以曹爽爲大將軍，宜得良佐，於床下受遺詔，拜禮大將軍長史，加散騎常侍。禮亮直不撓，爽弗便也，以爲揚州刺史，加伏波將軍，賜爵關內侯。吳大將全琮帥數萬衆來侵寇，時州兵休使，在者無幾。禮躬勒衛兵禦之，戰於芍陂，自旦及暮，將士死傷過半。禮犯蹈白刃，馬被數創，手秉枹鼓，奮不顧身，賊衆乃退。詔書慰勞，賜絹七百匹。禮爲死事者設祀哭臨，哀號發心，皆以絹付亡者家，無以入身。

徵拜少府，出爲荊州刺史，遷冀州牧。太傅司馬宣王謂禮曰：『今清河、平原爭界八年，更二刺史，靡能決之；虞、芮待文王而了，宜善令分明。』禮曰：『訟者據墟墓爲驗，聽者以先老爲正，而老者不可加以榎楚，又墟墓或遷就高敞，或徙避仇讎。如今所聞，雖皋陶猶將爲難。若欲使必也無訟，當以烈祖初封平原時圖決之。何必推古問故，以益辭訟？昔成王以桐葉戲叔虞，周公便以封之。今圖藏在天府，便可於坐上斷也，豈待到州乎？』宣王曰：『是也。當別下圖。』禮到，案圖宜屬平原。而曹爽信清河言，下書云：『圖不可用，當參異同。』禮上疏曰：『管仲霸者之佐，其器又小，猶能奪伯氏駢邑，使没齒無怨言。臣受牧伯之任，奉聖朝明圖，驗地著之界，界實以王翁河爲限；而鄃以馬丹候爲驗，詐以鳴犢河爲界。假虛訟訴，疑誤臺閣。竊聞衆口鑠金，浮石沈木，三人成市虎，慈母投其杼。今二郡爭界八年，一朝決之者，緣有解書圖畫，可得尋案擿校也。平原在兩河，向東上，其間有爵堤，爵堤在高唐西南，所爭地在高唐西北，相去二十餘里，可謂長歎息流涕者也。案解與圖奏而鄃不受詔，此臣軟弱不勝其任，臣亦何顏尸禄素餐。』輒束帶著履，駕車待放。爽見禮奏，大怒。劾禮怨望，結刑五歲。在家期年，衆人多以爲言，除城門校尉。

時匈奴王劉靖部衆强盛，而鮮卑數寇邊，乃以禮爲并州刺史，加振武將軍，使持節，護匈奴中郎將。往見太傅司馬宣王，有忿色而無言。宣王曰：『卿得并州，少邪？恚理分界失分乎？今當遠別，何不懽也！』禮曰：『何明公言之乖細也！禮雖不德，豈以官位往事爲意邪？本謂明公齊蹤伊、呂，匡輔魏室，上報明帝之託，下建萬世之勳。今社稷將危，天下凶凶，此禮之所以不悅也。」因涕泣橫流。宣王曰：「且止，忍不可忍。」爽誅後，入爲司隸校尉，凡臨七郡五州，皆有威信。遷司空，封大利亭侯，邑一百戶。禮與盧毓同郡時輩，而情好不睦。爲人雖互有長短，然名位略齊云。嘉平二年薨，謚曰景侯。孫元嗣。

王觀字偉臺，東郡廩丘人也。少孤貧勵志，太祖召爲丞相文學掾，出爲高唐、陽泉、酇、任令，所在稱治。文帝踐阼，入爲尚書郎、廷尉監，出爲南陽、涿郡太守。涿北接鮮卑，數有寇盜，觀令邊民十家已上，屯居，築京候。時或有不願者，觀乃假遣朝吏，使歸助子弟，不與期會，但敕事訖各還。於是吏民相率不督自勸，旬日之中，一時俱成。守禦有備，寇鈔以息。明帝即位，下詔書使郡縣條爲劇、中、平者。主者欲言郡爲中平，觀教曰：「此郡濱近外虜，數有寇害，云何不爲劇邪？」主者曰：「若郡爲外劇，恐於明府有任子。」觀曰：「夫君者，所以爲民也。今郡在外劇，則於役條當有降差。豈可爲太守之私而負一郡之民乎？」遂言爲外劇郡，後送任子詣鄴。時觀但有一子而又幼弱。其公心如此。觀治身清素，帥下以儉，僚屬承風，莫不自勵。

明帝幸許昌，召觀爲治書侍御史，典行臺獄。時多有倉卒喜怒，而觀不阿意順指。太尉司馬宣王請觀爲從事中郎，遷爲尚書，出爲河南尹，徙少府。大將軍曹爽使材官張達斫家屋材，及諸私用之物，觀聞知，皆錄奪以沒官。少府統三尚方御府內藏玩弄之寶，爽等奢放，多有干求，憚觀守法，乃徙爲太僕。司馬宣王誅爽，使觀行中領軍，據爽弟羲營，賜爵關內侯，復爲尚書，加駙馬都尉。高貴鄉公即位，封中鄉亭侯。頃之，加光祿大夫，轉爲右僕射。常道鄉公即位，進封陽鄉侯，增邑千戶，并前二千五百戶。遷司空，固辭不許，遣使即第拜授。就官數日，上送印綬，輒自輿歸里舍。薨于家，遺令藏足容棺，不設明器，不封不樹。謚曰肅侯。子悝嗣。咸熙中，開建五等，以觀著勳前朝，改封悝膠東子。

評曰：韓暨處以靜居行化，出以任職流稱；崔林簡樸知能；高柔明於法理；孫禮剛斷伉厲；王觀清勁貞白：咸克致公輔。及暨年過八十，起家就列；柔保官二十年，元老終位：比之徐邈、常林，於茲爲疚矣。

魏書二十五

辛毗楊阜高堂隆傳第二十五

辛毗字佐治，潁川陽翟人也。其先建武中，自隴西東遷。毗隨兄評從袁紹。太祖爲司空，辟毗，毗不得應命。及袁尚攻兄譚於平原，譚使毗詣太祖求和。太祖將征荆州，次于西平。毗見太祖致譚意，太祖大悅。後數日，更欲先平荆州，使譚、尚自相弊。他日置酒，毗望太祖色，知有變，以語郭嘉。嘉白太祖，太祖謂毗曰：『譚可信？尚必可克不？』毗對曰：『明公無問信與詐也，直當論其勢耳。袁氏本兄弟相伐，非謂他人能閒其閒，乃謂天下可定於己也。今一旦求救於明公，此可知也。顯甫見顯思困而不能取，此力竭也。兵革敗於外，謀臣誅於内，兄弟讒鬩，國分爲二；連年戰伐，而介胄生蟣虱，加以旱蝗，饑饉並臻，國無囷倉，行無裹糧，天灾應於上，人事困於下，民無愚智，皆知土崩瓦解，此乃天亡尚之時也。兵法稱有石城湯池帶甲百萬而無粟者，不能守也。今往攻鄴，尚不還救，即不能自守。還救，即譚踵其後。以明公之威，應困窮之敵，擊疲弊之寇，無異迅風之振秋葉矣。天以袁尚與明公，明公不取而伐荆州。荆州豐樂，國未有釁。仲虺有言：「取亂侮亡。」方今二袁不務遠略而内相圖，可謂亂矣；居者無食，行者無糧，可謂亡矣。朝不謀夕，民命靡繼，而不綏之，欲待他年；他年或登，又自知亡而改脩厥德，失所以用兵之要矣。今因其請救而撫之，利莫大焉。且四方之寇，莫大於河北；河北平，則六軍盛而天下震。』太祖曰：『善。』乃許譚平，次于黎陽。明年攻鄴，克之，表毗爲議郎。

久之，太祖遣都護曹洪平下辯，使毗與曹休參之，令曰：『昔高祖貪財好色，而良、平匡其過失。今佐治、文烈憂不輕矣。』軍還，爲丞相長史。

文帝踐阼，遷侍中，賜爵關内侯。時議改正朔。毗以魏氏遵舜、禹之統，應天順民；至於湯、武，以戰伐定天下，乃改正朔。孔子曰『行夏之時』，《左氏傳》曰『夏數爲得天正』，何必期於相反。帝善而從之。

帝欲徙冀州士家十萬户實河南。時連蝗民饑，群司以爲不可，而帝意甚盛。毗與朝臣俱求見，帝知其欲諫，作色以見之，皆莫敢言。毗曰：『陛下欲徙士家，其計安出？』帝曰：『卿謂我徙之非邪？』毗曰：『誠以爲非也。』帝曰：『吾不與卿共議也。』毗曰：『陛下不以臣不肖，置之左右，廁之謀議之官，安得不與臣議邪！臣所言非私也，乃社稷之慮也，安得怒臣！』帝不答，起入内；毗隨而引其裾，帝遂奮衣不還，良久乃出，曰：『佐治，卿持我何太急邪？』毗曰：『今徙，既失民心，又無以食也。』帝遂徙其半。嘗從帝射雉，帝曰：『射雉樂哉！』毗曰：『於陛下甚樂，而於群下甚苦。』帝默然，後遂爲之稀出。

上軍大將軍曹真征朱然于江陵，毗行軍師。還，封廣平亭侯。帝欲大興軍征吴，毗諫曰：『吴、楚之民，險而難禦，道隆後服，道洿先叛，自古患之，非徒今也。今陛下祚有海内，夫不賓者，其能久乎？昔尉佗稱帝，子陽僭號，歷年未幾，或臣或誅。何則，違逆之道不久全，而大德無所不服

也。方今天下新定，土廣民稀。夫廟算而後出軍，猶臨事而懼，況今廟算有闕而欲用之，臣誠未見其利也。先帝屢起銳師，臨江而旋。今六軍不增於故，而復循之，此未易也。今日之計，莫若脩范蠡之養民，法管仲之寄政，則充國之屯田，明仲尼之懷遠；十年之中，强壯未老，童齔勝戰，兆民知義，將士思奮，然後用之，則役不再舉矣。』帝曰：『如卿意，更當以虜遺子孫邪？』毗對曰：『昔周文王以紂遺武王，唯知時也。苟時未可，容得已乎！』帝竟伐吳，至江而還。

明帝即位，進封潁鄉侯，邑三百户。時中書監劉放、令孫資見信於主，制斷時政，大臣莫不交好，而毗不與往來。毗子敞諫曰：『今劉、孫用事，衆皆影附，大人宜小降意，和光同塵；不然必有謗言。』毗正色曰：『主上雖未稱聰明，不爲闇劣。吾之立身，自有本末。就與劉、孫不平，不過令吾不作三公而已，何危害之有？焉有大丈夫欲爲公而毀其高節者邪？』冗從僕射畢軌表言：『尚書僕射王思精勤舊吏，忠亮計略不如辛毗，毗宜代思。』帝以訪放、資，放、資對曰：『陛下用思者，誠欲取其效力，不貴虛名也。毗實亮直，然性剛而專，聖慮所當深察也。』遂不用。出爲衞尉。

帝方脩殿舍，百姓勞役，毗上疏曰：『竊聞諸葛亮講武治兵，而孫權市馬遼東，量其意指，似欲相左右。備豫不虞，古之善政，而今者宫室大興，加連年穀麥不收。詩云：「民亦勞止，迄可小康，惠此中國，以綏四方。」唯陛下爲社稷計。』帝報曰：『二虜未滅而治宫室，直諫者立名之時也。夫王者之都，當及民勞兼辦，使後世無所復增，是蕭何爲漢規摹之略也。今卿爲魏重臣，亦宜解其大歸。』帝又欲平北芒，令於其上作臺觀，則見孟津。毗諫曰：『天地之性，高高下下，今而反之，既非其理；加以損費人功，民不堪役。且若九河盈溢，洪水爲害，而丘陵皆夷，將何以禦之？』帝乃止。

青龍二年，諸葛亮率衆出渭南。先是，大將軍司馬宣王數請與亮戰，明帝終不聽。是歲恐不能禁，乃以毗爲大將軍軍師，使持節；六軍皆肅，準毗節度，莫敢犯違。亮卒，復還爲衞尉。薨，謚曰肅侯。子敞嗣，咸熙中爲河内太守。

楊阜字義山，天水冀人也。以州從事爲牧韋端使詣許，拜安定長史。阜還，關右諸將問袁、曹勝敗孰在，阜曰：『袁公寬而不斷，好謀而少決；不斷則無威，少決則失後事，今雖强，終不能成大業。曹公有雄才遠略，決機無疑，法一而兵精，能用度外之人，所任各盡其力，必能濟大事者也。』長史非其好，遂去官。而端徵爲太僕，其子康代爲刺史，辟阜爲別駕。察孝廉，辟丞相府，州表留參軍事。

馬超之戰敗渭南也，走保諸戎。太祖追至安定，而蘇伯反河間，將引軍東還。阜時奉使，言於太祖曰：『超有信、布之勇，甚得羌、胡心，西州畏之。若大軍還，不嚴爲之備，隴上諸郡非國家之有也。』太祖善之，而軍還倉卒，爲備不周。超率諸戎渠帥以擊隴上郡縣，隴上郡縣皆應之，惟冀城奉州郡以固守。超盡兼隴右之衆，而張魯又遣大將楊昂以助之，凡萬餘人，攻城。阜率國士大夫及宗族子弟勝兵者千餘人，使從弟岳於城上作偃月營，與超接戰，自正月至八月拒守而救兵不至。州遣別駕閻溫循水潛出求救，爲超所殺，於是刺史、太守失色，始有降超之計。阜流涕諫曰：『阜等率父兄子弟以義相勵，有死無二；田單之守，不固於此也。棄垂成之功，陷不義之名，阜以死守之。』遂

號哭。刺史、太守卒遣人請和，開城門迎超。超入，拘岳於冀，使楊昂殺刺史、太守。

阜內有報超之志，而未得其便。頃之，阜以喪妻求葬假。阜外兄姜叙屯歷城。阜少長叙家，見叙母及叙，說前在冀中時事，歔欷悲甚。叙曰：『何爲乃爾？』阜曰：『守城不能完，君亡不能死，亦何面目以視息於天下！馬超背父叛君，虐殺州將，豈獨阜之憂責，一州士大夫皆蒙其恥。君擁兵專制而無討賊心，此趙盾所以書弑君也。超彊而無義，多釁易圖耳。』叙母慨然，敕叙從阜計。計定，外與鄉人姜隱、趙昂、尹奉、姚瓊、孔信、武都人李俊、王靈結謀，定討超約，使從弟謨至冀語岳，并結安定梁寬、南安趙衢、龐恭等。約誓既明，十七年九月，與叙起兵於鹵城。超聞阜等兵起，自將出。而衢、寬等解岳，閉冀城門，討超妻子。超襲歷城，得叙母。叙母罵之曰：『汝背父之逆子，殺君之桀賊，天地豈久容汝，而不早死，敢以面目視人乎！』超怒，殺之。阜與超戰，身被五創，宗族昆弟死者七人。超遂南奔張魯。

隴右平定，太祖封討超之功，侯者十一人，賜阜爵關內侯。阜讓曰：『阜君存無扞難之功，君亡無死節之效，於義當絀，於法當誅；超又不死，無宜苟荷爵祿。』太祖報曰：『君與群賢共建大功，西土之人以爲美談。子貢辭賞，仲尼謂之止善。君其剖心以順國命。姜叙之母，勸叙早發，明智乃爾，雖楊敞之妻蓋不過此。賢哉，賢哉！良史記録，必不墜於地矣。』

太祖征漢中，以阜爲益州刺史。還，拜金城太守，未發，轉武都太守。郡濱蜀漢，阜請依龔遂故事，安之而已。會劉備遣張飛、馬超等從沮道趣下辯，而氐雷定等七部萬餘落反應之。太祖遣都護曹洪禦超等，超等退還。洪置酒大會，令女倡著羅縠之衣，蹋鼓，一坐皆笑。阜厲聲責洪曰：『男女之別，國之大節，何有於廣坐之中裸女人形體！雖桀、紂之亂，不甚於此。』遂奮衣辭出。洪立罷女樂，請阜還坐，肅然憚焉。

及劉備取漢中以逼下辯，太祖以武都孤遠，欲移之，恐吏民戀土。阜威信素著，前後徙民、氐，使居京兆、扶風、天水界者萬餘戶，徙郡小槐里，百姓襁負而隨之。爲政舉大綱而已，下不忍欺也。文帝問侍中劉曄等：『武都太守何如人也？』皆稱阜有公輔之節。未及用，會帝崩。在郡十餘年，徵拜城門校尉。

阜常見明帝著綉帽，被縹綾半褎，阜問帝曰：『此於禮何法服也？』帝默然不答，自是不法服不以見阜。

遷將作大匠。時初治宮室，發美女以充後庭，數出入弋獵。秋，大雨震電，多殺鳥雀。阜上疏曰：『臣聞明主在上，群下盡辭。堯、舜聖德，求非索諫；大禹勤功，務卑宮室；成湯遭旱，歸咎責己；周文刑於寡妻，以御家邦；漢文躬行節儉，身衣弋綈：此皆能昭令問，貽厥孫謀者也。伏惟陛下奉武皇帝開拓之大業，守文皇帝克終之元緒，誠宜思齊往古聖賢之善治，總觀季世放蕩之惡政。所謂善治者，務儉約，重民力也；所謂惡政者，從心恣欲，觸情而發也。惟陛下稽古世代之初所以明赫，及季世所以衰弱至于泯滅，近覽漢末之變，足以動心誡懼矣。曩使桓、靈不廢高祖之法，文、景之恭儉，太祖雖有神武，於何所施其能邪？而陛下何由處斯尊哉？今吳、蜀未定，軍旅

在外，願陛下動則三思，慮而後行，重慎出入，以往鑒來，言之若輕，成敗甚重。頃者天雨，又多卒暴，雷電非常，至殺鳥雀。天地神明，以王者爲子也，政有不當，則見災譴。克己内訟，聖人所記。惟陛下慮患無形之外，慎萌纖微之初，法漢孝文出惠帝美人，令得自嫁；頃所調送小女，遠聞不令，宜爲後圖。諸所繕治，務從約節。《書》曰：「九族既睦，協和萬國。」事思厥宜，以從中道，精心計謀，省息費用。吳、蜀以定，爾乃上安下樂，九親熙熙。如此以往，祖考心歡，堯舜其猶病諸。今宜開大信於天下，以安衆庶，以示遠人。』時雍丘王植怨於不齒，藩國至親，法禁峻密，故阜又陳九族之義焉。詔報曰：『閒得密表，先陳往古明王聖主，以諷闇政，切至之辭，款誠篤實。退思補過，將順匡救，備至悉矣。覽思苦言，吾甚嘉之。』

後遷少府。是時大司馬曹真伐蜀，遇雨不進。阜上疏曰：『昔文王有赤烏之符，而猶日昃不暇食；武王白魚入舟，君臣變色。而動得吉瑞，猶尚憂懼，況有災異而不戰竦者哉？今吳、蜀未平，而天屢降變，陛下宜深有以專精應答，側席而坐，思示遠以德，綏邇以儉。閒者諸軍始進，便有天雨之患，稽閡山險，以積日矣。轉運之勞，擔負之苦，所費以多，若有不繼，必違本圖。《傳》曰：「見可而進，知難而退，軍之善政也。」徒使六軍困於山谷之間，進無所略，退又不得，非主兵之道也。武王還師，殷卒以亡，知天期也。今年凶民饑，宜發明詔損膳減服，技巧珍玩之物，皆可罷之。昔邵信臣爲少府於無事之世，而奏罷浮食；今者軍用不足，益宜節度。』帝即召諸軍還。

後詔大議政治之不便於民者，阜議以爲：『致治在於任賢，興國在於務農。若舍賢而任所私，此忘治之甚者也。廣開宮館，高爲臺榭，以妨民務，此害農之甚者也。百工不敦其器，而競作奇巧，以合上欲，此傷本之甚者也。孔子曰：「苛政甚於猛虎。」今守功文俗之吏，爲政不通治體，苟好煩苛，此亂民之甚者也。當今之急，宜去四甚，並詔公卿郡國，舉賢良方正敦樸之士而選用之，此亦求賢之一端也。』

阜又上疏欲省宮人諸不見幸者，乃召御府吏問後宮人數。吏守舊令，對曰：『禁密，不得宣露。』阜怒，杖吏一百，數之曰：『國家不與九卿爲密，反與小吏爲密乎？』帝聞而愈敬憚阜。

帝愛女淑，未期而夭，帝痛之甚，追封平原公主，立廟洛陽，葬於南陵。將自臨送，阜上疏曰：『文皇帝、武宣皇后崩，陛下皆不送葬，所以重社稷、備不虞也。何至孩抱之赤子而可送葬也哉？』帝不從。

帝既新作許宮，又營洛陽宮殿觀閣。阜上疏曰：『堯尚茅茨而萬國安其居，禹卑宮室而天下樂其業；及至殷、周，或堂崇三尺，度以九筵耳。古之聖帝明王，未有極宮室之高麗以彫弊百姓之財力者也。桀作璇室、象廊，紂爲傾宮、鹿臺，以喪其社稷，楚靈以築章華而身受其禍；秦始皇作阿房而殃及其子，天下叛之，二世而滅。夫不度萬民之力，以從耳目之欲，未有不亡者也。陛下當以堯、舜、禹、湯、文、武爲法則，夏桀、殷紂、楚靈、秦皇爲深誡。高高在上，實監后德。慎守天位，以承祖考，巍巍大業，猶恐失之。不夙夜敬止，允恭恤民，而乃自暇自逸，惟宮臺是侈是飾，必有顛覆危亡之禍。《易》曰：「豐其屋，蔀其家，闚其戶，闃其無人。」王者以天下爲家，言豐屋之禍，至於家無人

也。方今二虜合從，謀危宗廟，十萬之軍，東西奔赴，邊境無一日之娛；農夫廢業，民有饑色。陛下不以是爲憂，而營作宫室，無有已時。使國亡而臣可以獨存，臣又不言也；君作元首，臣爲股肱，存亡一體，得失同之。《孝經》曰：「天子有争臣七人，雖無道不失其天下。」臣雖駑怯，敢忘争臣之義？言不切至，不足以感寤陛下。陛下不察臣言，恐皇祖烈考之祚，將墜于地。使臣身死有補萬一，則死之日，猶生之年也。謹叩棺沐浴，伏俟重誅。』奏御，天子感其忠言，手筆詔答。每朝廷會議，阜常侃然以天下爲己任。數諫争，不聽，乃屢乞遜位，未許。會卒，家無餘財。孫豹嗣。

高堂隆字升平，泰山平陽人，魯高堂生後也。少爲諸生，泰山太守薛悌命爲督郵。郡督軍與悌争論，名悌而呵之。隆按劍叱督軍曰：『昔魯定見侮，仲尼歷階；趙彈秦筝，相如進缶。臨臣名君，義之所討也。』督軍失色，悌驚起止之。後去吏，避地濟南。

建安十八年，太祖召爲丞相軍議掾，後爲歷城侯徽文學，轉爲相。徽遭太祖喪，不哀，反游獵馳騁；隆以義正諫，甚得輔導之節。黄初中，爲堂陽長，以選爲平原王傅。王即尊位，是爲明帝。以隆爲給事中、博士、駙馬都尉。帝初踐阼，群臣或以爲宜饗會，隆曰：『唐、虞有遏密之哀，高宗有不言之思，是以至德雍熙，光于四海。』以爲不宜爲會，帝敬納之。遷陳留太守。犢民酉牧，年七十餘，有至行，舉爲計曹掾；帝嘉之，特除郎中以顯焉。徵隆爲散騎常侍，賜爵關内侯。

青龍中，大治殿舍，西取長安大鐘。隆上疏曰：『昔周景王不儀刑文、武之明德，忽公旦之聖制，既鑄大錢，又作大鐘，單穆公諫而弗聽，泠州鳩對而弗從，遂迷不反，周德以衰，良史記焉，以爲

永鑒。然今之小人，好説秦、漢之奢靡以蕩聖心，求取亡國不度之器，勞役費損，以傷德政，非所以興禮樂之和，保神明之休也。』是日，帝幸上方，隆與卞蘭從。帝以隆表授蘭，使難隆曰：『興衰在政，樂何爲也？化之不明，豈鐘之罪？』隆曰：『夫禮樂者，爲治之大本也。故簫韶九成，鳳皇來儀，雷鼓六變，天神以降，政是以平，刑是以錯，和之至也。新聲發響，商辛以隕，大鐘既鑄，周景以弊，存亡之機，恒由斯作，安在廢興之不階也？君舉必書，古之道也，作而不法，何以示後？聖王樂聞其闕，故有箴規之道；忠臣願竭其節，故有匪躬之義也。』帝稱善。

遷侍中，猶領太史令。崇華殿灾，詔問隆：『此何咎？於禮，寧有祈禳之義乎？』隆對曰：『夫灾變之發，皆所以明教誡也，惟率禮脩德，可以勝之。《易傳》曰：「上不儉，下不節，孽火燒其室。」又曰：「君高其臺，天火爲灾。」此人君苟飾宫室，不知百姓空竭，故天應之以旱，火從高殿起也。上天降鑒，故譴告陛下；陛下宜增崇人道，以答天意。昔太戊有桑穀生於朝，武丁有雊雉登於鼎，皆聞灾恐懼，側身脩德，三年之後，遠夷朝貢，故號曰中宗、高宗。此則前代之明鑒也。今案舊占，灾火之發，皆以臺榭宫室爲誡。然今宫室之所以充廣者，實由宫人猥多之故。宜簡擇留其淑懿，如周之制，罷省其餘。此則祖己之所以訓高宗，高宗之所以享遠號也。』詔問隆：『吾聞漢武帝時，柏梁灾，而大起宫殿以厭之，其義云何？』隆對曰：『臣聞西京柏梁既灾，越巫陳方，建章是經，以厭火祥；乃夷越之巫所爲，非聖賢之明訓也。《五行志》曰：「柏梁灾，其後有江充巫蠱衛太子事。」如《志》之言，越巫建章無所厭也。孔子曰：「灾者脩類應行，精祲相感，以戒人君。」是以聖主睹灾責躬，

退而脩德，以消復之。今宜罷散民役。宮室之制，務從約節，內足以待風雨，外足以講禮儀。清埽所灾之處，不敢於此有所立作，蓮莆、嘉禾必生此地，以報陛下虔恭之德。豈可疲民之力，竭民之財！實非所以致符瑞而懷遠人也。』帝遂復崇華殿，時郡國有九龍見，故改曰九龍殿。

陵霄闕始構，有鵲巢其上，帝以問隆，對曰：『《詩》云「維鵲有巢，維鳩居之」。今興宮室，起陵霄闕，而鵲巢之，此宮室未成身不得居之象也。天意若曰，宮室未成，將有他姓制御之，斯乃上天之戒也。夫天道無親，惟與善人，不可不深防，不可不深慮。夏、商之季，皆繼體也，不欽承上天之明命，惟讒諂是從，廢德適欲，故其亡也忽焉。太戊、武丁，睹灾竦懼，祗承天戒，故其興也勃焉。今若休罷百役，儉以足用，增崇德政，動遵帝則，除普天之所患，興兆民之所利，三王可四，五帝可六，豈惟殷宗轉禍爲福而已哉！臣備腹心，苟可以繁祉聖躬，安存社稷，臣雖灰身破族，猶生之年也。豈憚忤逆之灾，而令陛下不聞至言乎？』於是帝改容動色。

是歲，有星孛于大辰。隆上疏曰：『凡帝王徙都立邑，皆先定天地社稷之位，敬恭以奉之。將營宮室，則宗廟爲先，廄庫爲次，居室爲後。今圜丘、方澤、南北郊、明堂、社稷，神位未定，宗廟之制又未如禮，而崇飾居室，士民失業。外人咸云宮人之用，與興戎軍國之費，所盡略齊。民不堪命，皆有怨怒。《書》曰「天聰明自我民聰明，天明畏自我民明威」，輿人作頌，則嚮以五福，民怒吁嗟，則威以六極，言天之賞罰，隨民言，順民心也。是以臨政務在安民爲先，然後稽古之化，格于上下，自古及今，未嘗不然也。夫采椽卑宮，唐、虞、大禹之所以垂皇風也；玉臺瓊室，夏癸、商辛之所以犯昊天

也。今之宮室，實違禮度，乃更建立九龍，華飾過前。天彗章灼，始起於房心，犯帝坐而干紫微，此乃皇天子愛陛下，是以發教戒之象，始卒皆於尊位，殷勤鄭重，欲必覺寤陛下；斯乃慈父懇切之訓，宜崇孝子祗聳之禮，以率先天下，以昭示後昆，不宜有忽，以重天怒。』

時軍國多事，用法深重。隆上疏曰：『夫拓迹垂統，必俟聖明，輔世匡治，亦須良佐，用能庶績其凝而品物康乂也。夫移風易俗，宣明道化，使四表同風，回首面內，德教光熙，九服慕義，固非俗吏之所能也。今有司務糾刑書，不本大道，是以刑用而不措，俗弊而不敦。宜崇禮樂，班叙明堂，修三雍、大射、養老，營建郊廟，尊儒士，舉逸民，表章制度，改正朔，易服色，布愷悌，尚儉素，然後備禮封禪，歸功天地，使雅頌之聲盈于六合，緝熙之化混于後嗣。斯蓋至治之美事，不朽之貴業也。然九域之內，可揖讓而治，尚何憂哉！不正其本而救其末，譬猶棼絲，非政理也。可命群公卿士通儒，造具其事，以爲典式。』隆又以爲改正朔，易服色，殊徽號，異器械，自古帝王所以神明其政，變民耳目，故三春稱王，明三統也。於是敷演舊章，奏而改焉。帝從其議，改青龍五年春三月爲景初元年孟夏四月，服色尚黃，犧牲用白，從地正也。

遷光祿勳。帝愈增崇宮殿，彫飾觀閣，鑿太行之石英，采穀城之文石，起景陽山於芳林之園，建昭陽殿於太極之北，鑄作黃龍鳳皇奇偉之獸，飾金墉、陵雲臺、陵霄闕。百役繁興，作者萬數，公卿以下至于學生，莫不展力，帝乃躬自掘土以率之。而遼東不朝。悼皇后崩。天作淫雨，冀州水出，漂沒民物。隆上疏切諫曰：

蓋『天地之大德曰生，聖人之大寶曰位；何以守位？曰仁；何以聚人？曰財』。然則士民者，乃國家之鎮也；穀帛者，乃士民之命也。穀帛非造化不育，非人力不成。是以帝耕以勸農，后桑以成服，所以昭事上帝，告虔報施也。昔在伊唐，世值陽九厄運之會，洪水滔天，使鯀治之，績用不成，乃舉文命，隨山刊木，前後歷年二十二載。災眚之甚，莫過於彼，力役之興，莫久於此，堯、舜君臣，南面而已。禹敷九州，庶士庸勳，各有等差，君子小人，物有服章。今無若時之急，而使公卿大夫並與廝徒共供事役，聞之四夷，非嘉聲也，垂之竹帛，非令名也。是以有國有家者，近取諸身，遠取諸物，嫗煦養育，故稱『愷悌君子，民之父母』。今上下勞役，疾病凶荒，耕稼者寡，饑饉荐臻，無以卒歲；宜加愍恤，以救其困。

臣觀在昔書籍所載，天人之際，未有不應也。是以古先哲王，畏上天之明命，循陰陽之逆順，矜矜業業，惟恐有違。然後治道用興，德與神符，災異既發，懼而脩政，未有不延期流祚者也。爰及末葉，闇君荒主，不崇先王之令軌，不納正士之直言，以遂其情志，恬忽變戒，未有不尋踐禍難，至於顛覆者也。

天道既著，請以人道論之。夫六情五性，同在於人，嗜欲廉貞，各居其一。及其動也，交爭于心。欲强質弱，則縱濫不禁；精誠不制，則放溢無極。夫情之所在，非好則美，而美好之集，非人力不成，非穀帛不立。情苟無極，則人不堪其勞，物不充其求。勞求並至，將起禍亂。故不割情，無以相供。仲尼云：『人無遠慮，必有近憂。』由此觀之，禮義之制，非苟拘分，將以遠害而興治也。

今吳、蜀二賊，非徒白地小虜、聚邑之寇，乃據險乘流，跨有士衆，僭號稱帝，欲與中國爭衡。今若有人來告，權、禪並脩德政，復履清儉，輕省租賦，不治玩好，動咨耆賢，事遵禮度。陛下聞之，豈不惕然惡其如此，以爲難卒討滅，而爲國憂乎？若使告者曰，彼二賊並爲無道，崇侈無度，役其士民，重其徵賦，下不堪命，吁嗟日甚。陛下聞之，豈不勃然忿其困我無辜之民，而欲速加之誅，其次，豈不幸彼疲弊而取之不難乎？苟如此，則可易心而度，事義之數亦不遠矣。

且秦始皇不築道德之基，而築阿房之宮，不憂蕭墻之變，而脩長城之役。當其君臣爲此計也，亦欲立萬世之業，使子孫長有天下，豈意一朝匹夫大呼，而天下傾覆哉？故臣以爲使先代之君知其所行必將至於敗，則弗爲之矣。是以亡國之主自謂不亡，然後至於亡；賢聖之君自謂將亡，然後至於不亡。昔漢文帝稱爲賢主，躬行約儉，惠下養民，而賈誼方之，以爲天下倒縣，可爲痛哭者一，可爲流涕者二，可爲長嘆息者三。況今天下彫弊，民無儋石之儲，國無終年之畜，外有强敵，六軍暴邊，內興土功，州郡騷動，若有寇警，則臣懼版築之士不能投命虜庭矣。

又，將吏奉祿，稍見折減，方之於昔，五分居一；諸受休者又絕廩賜，不應輸者今皆出半：此爲官入兼多於舊，其所出與參少於昔。而度支經用，更每不足，牛肉小賦，前後相繼。反而推之，凡此諸費，必有所在。且夫祿賜穀帛，人主所以惠養吏民而爲之司命者也，若今有廢，是奪其命矣。既得之而又失之，此生怨之府也。《周禮》，大府掌九賦之財，以給九式之用，入有其分，出有其所，不相干乘而用各足。各足之後，乃以式貢之餘，供王玩好。又上用財，必考于司會。今陛下所與共坐

廊廟治天下者，非三司九列，則臺閣近臣，皆腹心造膝，宜在無諱。若見豐省而不敢以告，從命奔走，惟恐不勝，是則具臣，非鯁輔也。昔李斯教秦二世曰：『爲人主而不恣睢，命之曰天下桎梏。』二世用之，秦國以覆，斯亦滅族。是以史遷議其不正諫，而爲世誡。

書奏，帝覽焉，謂中書監、令曰：『觀隆此奏，使朕懼哉！』

隆疾篤，口占上疏曰：

曾子有疾，孟敬子問之。曾子曰：『鳥之將死，其鳴也哀；人之將死，其言也善。』臣寢疾病，有增無損，常懼奄忽，忠款不昭。臣之丹誠，豈惟曾子，願陛下少垂省覽！渙然改往事之過謬，勃然興來事之淵塞，使神人響應，殊方慕義，四靈效珍，玉衡曜精，則三王可邁，五帝可越，非徒繼體守文而已也。

臣常疾世主莫不思紹堯、舜、湯、武之治，而蹈踵桀、紂、幽、厲之迹，莫不蚩笑季世惑亂亡國之主，而不登踐虞、夏、殷、周之軌。悲夫！以若所爲，求若所致，猶緣木求魚，煎水作冰，其不可得，明矣。尋觀三代之有天下也，聖賢相承，歷載數百，尺土莫非其有，一民莫非其臣，萬國咸寧，九有有截；鹿臺之金，巨橋之粟，無所用之，仍舊南面，夫何爲哉！然癸、辛之徒，恃其旅力，知足以拒諫，才足以飾非，諂諛是尚，臺觀是崇，淫樂是好，倡優是説，作靡靡之樂，安濮上之音。上天不蠲，眷然回顧，宗國爲墟，下夷于隸，紂縣白旗，桀放鳴條；天子之尊，湯、武有之，豈伊異人，皆明王之胄也。且當六國之時，天下殷熾，秦既兼之，不脩聖道，乃構阿房之宮，築長城之守，矜夸中國，威服百蠻，天下震竦，道路以目；自謂本枝百葉，永垂洪暉，豈寤二世而滅，社稷崩圮哉？近漢孝武乘文、景之福，外攘夷狄，内興宮殿，十餘年間，天下囂然。乃信越巫，懟天遷怒，起建章之宮，千門萬戶，卒致江充妖蠱之變，至於宮室乖離，父子相殘，殃咎之毒，禍流數世。

臣觀黄初之際，天兆其戒，異類之鳥，育長燕巢，口爪胸赤，此魏室之大異也，宜防鷹揚之臣於蕭牆之內。可選諸王，使君國典兵，往往棋跱，鎮撫皇畿，翼亮帝室。昔周之東遷，晉、鄭是依，漢呂之亂，實賴朱虛，斯蓋前代之明鑒。夫皇天無親，惟德是輔。民咏德政，則延期過歷，下有怨嘆，掇録授能。由此觀之，天下之天下，非獨陛下之天下也。臣百疾所鍾，氣力稍微，輒自輿出，歸還里舍，若遂沈淪，魂而有知，結草以報。

詔曰：『生廉追伯夷，直過史魚，執心堅白，謇謇匪躬，如何微疾未除，退身里舍？昔邴吉以陰德，疾除而延壽；貢禹以守節，疾篤而濟愈。生其强飯專精以自持。』隆卒，遺令薄葬，斂以時服。

初，太和中，中護軍蔣濟上疏曰『宜遵古封禪』。詔曰：『聞濟斯言，使吾汗出流足。』事寢歷歲，後遂議脩之，使隆撰其禮儀。帝聞隆没，嘆息曰：『天不欲成吾事，高堂生舍我亡也。』子琛嗣爵。

始，景初中，帝以蘇林、秦静等並老，恐無能傳業者。乃詔曰：『昔先聖既没，而其遺言餘教，著於六藝。六藝之文，禮又爲急，弗可斯須離者也。末俗背本，所由來久。故閔子譏原伯之不學，荀卿醜秦世之坑儒，儒學既廢，則風化曷由興哉？方今宿生巨儒，並各年高，教訓之道，孰爲其繼？昔伏生將老，漢文帝嗣以晁錯；《穀梁》寡疇，宣帝承以十郎。其科郎吏高才解經義者三十人，從光

禄勳隆、散騎常侍林、博士静，分受四經三禮，主者具爲設課試之法。夏侯勝有言：「士病不明經術，經術苟明，其取青紫如俯拾地芥耳。」今學者有能究極經道，則爵禄榮寵，不期而至。可不勉哉！』數年，隆等皆卒，學者遂廢。

初，任城棧潛，太祖世歷縣令，嘗督守鄴城。時文帝爲太子，耽樂田獵，晨出夜還。潛諫曰：『王公設險以固其國，都城禁衛，用戒不虞。《大雅》云：「宗子維城，無俾城壞。」又曰：「猶之未遠，是用大諫。」若逸于游田，晨出昏歸，以一日從禽之娱，而忘無垠之釁，愚竊惑之。』太子不悦，然自後游出差簡。黄初中，文帝將立郭貴嬪爲皇后，潛上疏諫，語在《后妃傳》。明帝時，衆役並興，戚屬疏斥，潛上疏曰：『天生蒸民而樹之君，所以覆燾群生，熙育兆庶，故方制四海匪爲天子，裂土分疆匪爲諸侯也。始自三皇，爰曁唐、虞，咸以博濟加于天下，醇德以洽，黎元賴之。三王既微，降逮于漢，治日益少，喪亂弘多，自時厥後，亦罔克乂。太祖濬哲神武，芟除暴亂，克復王綱，以開帝業。文帝受天明命，廓恢皇基，踐阼七載，每事未逞。陛下聖德，纂承洪緒，宜崇晏晏，與民休息。而方隅匪寧，征夫遠戍，有事海外，縣旌萬里，六軍騷動，水陸轉運，百姓舍業，日費千金。大興殿舍，功作萬計，徂來之松，刊山窮谷，怪石碔砆，浮于河、淮，都圻之内，盡爲甸服，當供稿秸銍粟之調，而爲苑囿擇禽之府，盛林莽之穢，豐鹿兔之藪；傷害農功，地繁茨棘，灾疫流行，民物大潰，上減和氣，嘉禾不植。臣聞文王作豐，經始勿亟，百姓子來，不日而成。靈沼、靈囿，與民共之。今宫觀崇侈，彫鏤極妙，忘有虞之總期，思殷辛之瓊室，禁地千里，舉足投網，麗擬阿房，役百乾谿，臣恐民力彫盡，下不堪

命也。昔秦據殽函以制六合，自以德高三皇，功兼五帝，欲號謚至萬葉，而二世顛覆，願爲黔首，由枝幹既杌，本實先拔也。蓋聖王之御世也，克明俊德，庸勳親親；俊乂在官，則功業可隆，親親顯用，則安危同憂；深根固本，並爲幹翼，雖歷盛衰，内外有輔。昔成王幼冲，未能莅政，周、吕、召、畢，并在左右；今既無衛侯、康叔之監，分陜所任，又非旦、奭。東宫未建，天下無副。願陛下留心關塞，永保無極，則海内幸甚。』後爲燕中尉，辭疾不就，卒。

評曰：辛毗、楊阜，剛亮公直，正諫匪躬，亞乎汲黯之高風焉。高堂隆學業脩明，志在匡君，因變陳戒，發於懇誠，忠矣哉！及至必改正朔，俾魏祖虞，所謂意過其通者歟！

魏書二十六

滿田牽郭傳第二十六

滿寵字伯寧，山陽昌邑人也。年十八，爲郡督郵。時郡內李朔等各擁部曲，害于平民，太守使寵糾焉。朔等請罪，不復鈔略。守高平令。縣人張苞爲郡督郵，貪穢受取，干亂吏政。寵因其來在傳舍，率吏卒出收之，詰責所犯，即日考竟，遂棄官歸。

太祖臨兗州，辟爲從事。及爲大將軍，辟署西曹屬，爲許令。時曹洪宗室親貴，有賓客在界，數犯法，寵收治之。洪書報寵，寵不聽。洪白太祖，太祖召許主者。寵知將欲原，乃速殺之。太祖喜曰：『當事不當爾邪？』故太尉楊彪收付縣獄，尚書令荀彧、少府孔融等並屬寵：『但當受辭，勿加考掠。』寵一無所報，考訊如法。數日，求見太祖，言之曰：『楊彪考訊無他辭語。當殺者宜先彰其罪；此人有名海內，若罪不明，必大失民望，竊爲明公惜之。』太祖即日赦出彪。初，彧、融聞考掠彪，皆怒，及因此得了，更善寵。

時袁紹盛於河朔，而汝南紹之本郡，門生賓客布在諸縣，擁兵拒守。太祖憂之，以寵爲汝南太守。寵募其服從者五百人，率攻下二十餘壁，誘其未降渠帥，於坐上殺十餘人，一時皆平。得戶二萬，兵二千人，令就田業。

建安十三年，從太祖征荊州。大軍還，留寵行奮威將軍，屯當陽。孫權數擾東陲，復召寵還爲汝南太守，賜爵關內侯。關羽圍襄陽，寵助征南將軍曹仁屯樊城拒之，而左將軍于禁等軍以霖雨水長爲羽所沒。羽急攻樊城，樊城得水，往往崩壞，衆皆失色。或謂仁曰：『今日之危，非力所支。可及羽圍未合，乘輕船夜走，雖失城，尚可全身。』寵曰：『山水速疾，冀其不久。聞羽遣別將已在郟下，自許以南，百姓擾擾，羽所以不敢遂進者，恐吾軍掎其後耳。今若遁去，洪河以南，非復國家有也；君宜待之。』仁曰：『善。』寵乃沈白馬，與軍人盟誓。會徐晃等救至，寵力戰有功，羽遂退。進封安昌亭侯。

文帝即王位，遷揚武將軍。破吳於江陵有功，更拜伏波將軍，屯新野。大軍南征，到精湖，寵帥諸軍在前，與賊隔水相對。寵敕諸將曰：『今夕風甚猛，賊必來燒軍，宜爲其備。』諸軍皆警。夜半，賊果遣十部伏夜來燒，寵掩擊破之，進封南鄉侯。黃初三年，假寵節鉞。五年，拜前將軍。

明帝即位，進封昌邑侯。太和二年，領豫州刺史。三年春，降人稱吳大嚴，揚聲欲詣江北獵，孫權欲自出。寵度其必襲西陽而爲之備，權聞之，退還。秋，使曹休從廬江南入合肥，令寵向夏口。寵上疏曰：『曹休雖明果而希用兵，今所從道，背湖旁江，易進難退，此兵之窪地也。若入無彊口，宜深爲之備。』寵表未報，休遂深入。賊果從無彊口斷夾石，要休還路。休戰不利，退走。會朱靈等從後來斷道，與賊相遇。賊驚走，休軍乃得還。是歲休薨，寵以前將軍代都督揚州諸軍事。汝南兵民戀慕，大小相率，奔隨道路，不可禁止。護軍表上，欲殺其爲首者。詔使寵將親兵千人自隨，其餘一無所問。四年，拜寵征東將軍。其冬，孫權揚聲欲至合肥，寵表召兗、豫諸軍，皆集。賊尋退還，被詔

罷兵。寵以爲今賊大舉而還，非本意也，此必欲僞退以罷吾兵，而倒還乘虛，掩不備也，表不罷兵。後十餘日，權果更來，到合肥城，不克而還。其明年，吳將孫布遣人詣揚州求降，辭云：『道遠不能自致，乞兵見迎。』刺史王凌騰布書，請兵馬迎之。寵以爲必許，不與兵，而爲凌作報書曰：『知識邪正，欲避禍就順，去暴歸道，甚相嘉尚。今欲遣兵相迎，然計兵少則不足相衛，多則事必遠聞。且先密計以成本志，臨時節度其宜。』寵會被書當入朝，敕留府長史：『若凌欲往迎，勿與兵也。』凌於後索兵不得，乃單遣一督將步騎七百人往迎之。布夜掩擊，督將迸走，死傷過半。初，寵與凌共事不平，凌支黨毀寵疲老悖謬，故明帝召之。既至，體氣康强，見而遣還。寵屢表求留，詔報曰：『昔廉頗强食，馬援據鞍，今君未老而自謂已老，何與廉、馬之相背邪？其思安邊境，惠此中國。』

明年，吳將陸遜向廬江，論者以爲宜速赴之。寵曰：『廬江雖小，將勁兵精，守則經時。又賊舍船二百里來，後尾空縣，尚欲誘致，今宜聽其遂進，但恐走不可及耳。』整軍趨楊宜口。賊聞大兵東下，即夜遁。時權歲有來計。青龍元年，寵上疏曰：『合肥城南臨江湖，北遠壽春，賊攻圍之，得據水爲勢；官兵救之，當先破賊大輩，然後圍乃得解。賊往甚易，而兵往救之甚難，宜移城內之兵，其西三十里，有奇險可依，更立城以固守，此爲引賊平地而掎其歸路，於計爲便。』護軍將軍蔣濟議，以爲：『既示天下以弱，且望賊烟火而壞城，此爲未攻而自拔。一至於此，劫略無限，必以淮北爲守。』帝未許。寵重表曰：『孫子言，兵者，詭道也。故能而示之以弱不能，驕之以利，示之以懾。此爲形實不必相應也。又曰「善動敵者形之」。今賊未至而移城卻內，此所謂形而誘之也。引賊遠水，擇利而動，舉得於外，則福生於內矣。』尚書趙咨以寵策爲長，詔遂報聽。其年，權自出，欲圍新城，以其遠水，積二十日不敢下船。寵謂諸將曰：『權得吾移城，必於其衆中有自大之言，今大舉來欲要一切之功，雖不敢至，必當上岸耀兵以示有餘。』乃潛遣步騎六千，伏肥城隱處以待之。權果上岸耀兵，寵伏軍卒起擊之，斬首數百，或有赴水死者。明年，權自將號十萬，至合肥新城。寵馳往赴，募壯士數十人，折松爲炬，灌以麻油，從上風放火，燒賊攻具，射殺權弟子孫泰。賊於是引退。三年春，權遣兵數千家佃於江北。至八月，寵以爲田向收熟，男女布野，其屯衛兵去城遠者數百里，可掩擊也。遣長吏督三軍循江東下，摧破諸屯，焚燒穀物而還。詔美之，因以所獲盡爲將士賞。

景初二年，以寵年老徵還，遷爲太尉。寵不治產業，家無餘財。詔曰：『君典兵在外，專心憂公，有行父、祭遵之風。賜田十頃，穀五百斛，錢三十萬，以明清忠儉約之節焉。』寵前後增邑，凡九千六百户，封子孫二人亭侯。正始三年薨，謚曰景侯。子偉嗣。偉以格度知名，官至衞尉。

田豫字國讓，漁陽雍奴人也。劉備之奔公孫瓚也，豫時年少，自托於備，備甚奇之。備爲豫州刺史，豫以母老求歸，備涕泣與別，曰：『恨不與君共成大事也。』

公孫瓚使豫守東州令，瓚將王門叛瓚，爲袁紹將萬餘人來攻。衆懼欲降。豫登城謂門曰：『卿爲公孫所厚而去，意有所不得已也；今還作賊，乃知卿亂人耳。夫挈瓶之智，守不假器，吾既受之矣；何不急攻乎？』門慚而退。瓚雖知豫有權謀而不能任也。瓚敗而鮮于輔爲國人所推，行太守事，素善豫，以爲長史。時雄傑並起，輔莫知所從。豫謂輔曰：『終能定天下者，必曹氏也。宜速歸

命，無後禍期。』輔從其計，用受封寵。太祖召豫爲丞相軍謀掾，除潁陰、朗陵令，遷弋陽太守，所在有治。

鄢陵侯彰征代郡，以豫爲相。軍次易北，虜伏騎擊之，軍人擾亂，莫知所爲。豫因地形，回車結圜陳，弓弩持滿於內，疑兵塞其隙。胡不能進，散去。追擊，大破之，遂前平代，皆豫策也。

遷南陽太守。先時，郡人侯音反，衆數千人在山中爲群盜，大爲郡患。前太守收其黨與五百餘人，表奏皆當死。豫悉見諸繫囚，慰諭，開其自新之路，一時破械遣之。諸囚皆叩頭，願自效，即相告語，群賊一朝解散，郡內清靜。具以狀上，太祖善之。

文帝初，北狄强盛，侵擾邊塞，乃使豫持節護烏丸校尉，牽招、解儁并護鮮卑。自高柳以東，濊貊以西，鮮卑數十部，比能、彌加、素利割地統御，各有分界；乃共要誓，皆不得以馬與中國市。豫以戎狄爲一，非中國之利，乃先搆離之，使自爲讎敵，互相攻伐。素利違盟，出馬千匹與官，爲比能所攻，求救於豫。豫恐遂相兼并，爲害滋深，宜救善討惡，示信衆狄。單將銳卒，深入虜庭，胡人衆多，鈔軍前後，斷截歸路。豫乃進軍，去虜十餘里結屯營，多聚牛馬糞然之，從他道引去。胡見烟火不絕，以爲尚在，去，行數十里乃知之。追豫到馬城，圍之十重，豫密嚴，使司馬建旌旗，鳴鼓吹，將步騎從南門出，胡人皆屬目往赴之。豫將精銳自北門出，鼓譟而起，兩頭俱發，出虜不意，虜衆散亂，皆棄弓馬步走，追討二十餘里，僵尸蔽地。又烏丸王骨進桀黠不恭，豫因出塞案行，單將麾下百餘騎入進部。進逆拜，遂使左右斬進，顯其罪惡以令衆。衆皆怖慴不敢動，便以進弟代進。自是胡

人破膽，威震沙漠。山賊高艾，衆數千人，寇鈔，爲幽、冀害，豫誘使鮮卑素利部斬艾，傳首京都。封豫長樂亭侯。爲校尉九年，其御夷狄，恒摧抑兼并，乖散强猾。凡逋亡奸宄，爲胡作計不利官者，豫皆構刺攪離，使凶邪之謀不遂，聚居之類不安。事業未究，而幽州刺史王雄支黨欲令雄領烏丸校尉，毀豫亂邊，爲國生事。遂轉豫爲汝南太守，加殄夷將軍。

太和末，公孫淵以遼東叛，帝欲征之而難其人，中領軍楊暨舉豫應選。乃使豫以本官督青州諸軍，假節，往討之。會吳賊遣使與淵相結，帝以賊衆多，又以渡海，詔豫使罷軍。豫度賊船垂還，歲晚風急，必畏漂浪，東隨無岸，當赴成山。成山無藏船之處，輒便循海，案行地勢，及諸山島，徼截險要，列兵屯守。自入成山，登漢武之觀。賊還，果遇惡風，船皆觸山沈沒，波蕩著岸，無所逃竄，盡虜其衆。初，諸將皆笑於空地待賊，及賊破，競欲與謀，求入海鈎取浪船。豫懼窮虜死戰，皆不聽。初，豫以太守督青州，青州刺史程喜內懷不服，軍事之際，多相違錯。喜知帝寶愛明珠，乃密上：『豫雖有戰功而禁令寬弛，所得器仗珠金甚多，放散皆不納官。』由是功不見列。

後孫權號十萬衆攻新城，征東將軍滿寵欲率諸軍救之。豫曰：『賊悉衆大舉，非徒投射小利，欲質新城以致大軍耳。宜聽使攻城，挫其銳氣，不當與爭鋒也。城不可拔，衆必罷怠；罷怠然後擊之，可大克也。若賊見計，必不攻城，勢將自走。若便進兵，適入其計。又大軍相向，當使難知，不當使自畫也。』豫輒上狀，天子從之。會賊遁走。後吳復來寇，豫往拒之，賊即退。諸軍夜驚，云：『賊復來！』豫卧不起，令衆『敢動者斬』。有頃，竟無賊。

景初末，增邑三百，并前五百户。正始初，遷使持節護匈奴中郎將，加振威將軍，領并州刺史。外胡聞其威名，相率來獻。州界寧肅，百姓懷之。徵爲衛尉。屢乞遜位，太傅司馬宣王以爲豫克壯，書喻未聽。豫書答曰：『年過七十而以居位，譬猶鐘鳴漏盡而夜行不休，是罪人也。』遂固稱疾篤。拜太中大夫，食卿禄。年八十二薨。子彭祖嗣。

豫清儉約素，賞賜皆散之將士。每胡、狄私遺，悉簿藏官，不入家；家常貧匱。雖殊類，咸高豫節。嘉平六年，下詔褒揚，賜其家錢穀。語在《徐邈傳》。

牽招字子經，安平觀津人也。年十餘歲，詣同縣樂隱受學。後隱爲車騎將軍何苗長史，招隨卒業。值京都亂，苗、隱見害，招俱與隱門生史路等觸蹈鋒刃，共殯斂隱尸，送喪還歸。道遇寇鈔，路等皆悉散走。賊欲斫棺取釘，招垂泪請赦。賊義之，乃釋而去。由此顯名。

冀州牧袁紹辟爲督軍從事，兼領烏丸突騎。紹舍人犯令，招先斬乃白，紹奇其意而不見罪也。紹卒，又事紹子尚。建安九年，太祖圍鄴。尚遣招至上黨，督致軍糧。未還，尚破走，到中山。時尚外兄高幹爲并州刺史，招以并州左有恒山之險，右有大河之固，帶甲五萬，北阻强胡，勸幹迎尚，并力觀變。幹既不能，而陰欲害招。招聞之，閒行而去，道隔不得追尚，遂東詣太祖。太祖領冀州，辟爲從事。

太祖將討袁譚，而柳城烏丸欲出騎助譚。太祖以招嘗領烏丸，遣詣柳城。到，值峭王嚴，以五千騎當遣詣譚。又遼東太守公孫康自稱平州牧，遣使韓忠齎單于印綬往假峭王。峭王大會群長，忠亦在坐。峭王問招：『昔袁公言受天子之命，假我爲單于；今曹公復言當更白天子，假我真單于；遼東復持印綬來。如此，誰當爲正？』招答曰：『昔袁公承制，得有所拜假；中間違錯，天子命曹公代之，言當白天子，更假真單于，是也。遼東下郡，何得擅稱拜假也？』忠曰：『我遼東在滄海之東，擁兵百萬，又有扶餘、濊貊之用；當今之勢，强者爲右，曹操獨何得爲是也？』招呵忠曰：『曹公允恭明哲，翼戴天子，伐叛柔服，寧静四海，汝君臣頑嚚，今恃險遠，背違王命，欲擅拜假，侮弄神器，方當屠戮，何敢慢易咎毁大人？』便捉忠頭頓築，拔刀欲斬之。峭王驚怖，徒跣抱招，以救請忠，左右失色。招乃還坐，爲峭王等説成敗之效，禍福所歸；皆下席跪伏，敬受敕教，便辭遼東之使，罷所嚴騎。

太祖滅譚於南皮，署招軍謀掾，從討烏丸。至柳城，拜護烏丸校尉。還鄴，遼東送袁尚首，縣在馬市，招睹之悲感，設祭頭下。太祖義之，舉爲茂才。從平漢中，太祖還，留招爲中護軍。事罷，還鄴，拜平虜校尉，將兵督青、徐州郡諸軍事，擊東萊賊，斬其渠率，東土寧静。

文帝踐阼，拜招使持節護鮮卑校尉，屯昌平。是時，邊民流散山澤，又亡叛在鮮卑中者，處有千數。招廣布恩信，招誘降附。建義中郎將公孫集等，率將部曲，咸各歸命；使還本郡。又懷來鮮卑素利、彌加等十餘萬落，皆令款塞。

大軍欲征吴，召招還，至，值軍罷，拜右中郎將，出爲雁門太守。郡在邊陲，雖有候望之備，而寇鈔不斷。招既教民戰陳，又表復烏丸五百餘家租調，使備鞍馬，遠遣偵候。虜每犯塞，勒兵逆擊，來

輒摧破，於是吏民膽氣日鋭，荒野無虞。又搆閒離散，使虜更相猜疑。鮮卑大人步度根、泄歸泥等與軻比能爲隙，將部落三萬餘家詣郡附塞。勑令還擊比能，殺比能弟苴羅侯，及叛烏丸歸義侯王同、王寄等，大結怨讎。是以招自出，率將歸泥等討比能於雲中故郡，大破之。招通河西鮮卑附頭等十餘萬家，繕治陘北故上館城，置屯戍以鎮內外，夷虜大小，莫不歸心，諸叛亡雖親戚不敢藏匿，咸悉收送。於是野居晏閉，寇賊静息。招乃簡選有才識者，詣太學受業，還相授教，數年中庠序大興。郡所治廣武，井水鹹苦，民皆擔輦遠汲流水，往返七里。招準望地勢，因山陵之宜，鑿原開渠，注水城內，民賴其益。

明帝即位，賜爵關內侯。太和二年，護烏丸校尉田豫出塞，爲軻比能所圍於故馬邑城，移招求救。招即整勒兵馬，欲赴救豫。并州以常憲禁招，招以爲節將見圍，不可拘於吏議，自表輒行。又并馳布羽檄，稱陳形勢，云當西北掩取虜家，然後東行，會誅虜身。檄到，豫軍踴躍。又遺一通於虜蹊要，虜即恐怖，種類離散。軍到故平城，便皆潰走。比能復大合騎來，到故平州塞北。招潛行撲討，大斬首級。招以蜀虜諸葛亮數出，而比能狡猾，能相交通，表爲防備，議者以爲縣遠，未之信也。會亮時在祁山，果遣使連結比能。比能至故北地石城，與相首尾。帝乃詔招，使從便宜討之。時比能已還漠南，招與刺史畢軌議曰：『胡虜遷徙無常。若勞師遠追，則遲速不相及。若欲潛襲，則山溪艱險，資糧轉運，難以密辦。可使守新興、雁門二牙門，出屯陘北，外以鎮撫，內令兵田，儲畜資糧，秋冬馬肥，州郡兵合，乘釁征討，計必全克。』未及施行，會病卒。招在郡十二年，威風遠振。其治邊之稱，次于田豫，百姓追思之。而漁陽傅容在雁門有名績，繼招後，在遼東又有事功云。

招子嘉嗣。次子弘，亦猛毅有招風，以隴西太守隨鄧艾伐蜀有功，咸熙中爲振威護軍。嘉與晋司徒李胤同母，早卒。

郭淮字伯濟，太原陽曲人也。建安中舉孝廉，除平原府丞。文帝爲五官將，召淮署爲門下賊曹，轉爲丞相兵曹議令史，從征漢中。太祖還，留征西將軍夏侯淵拒劉備，以淮爲淵司馬。淵與備戰，淮時有疾不出。淵遇害，軍中擾擾，淮收散卒，推蕩寇將軍張郃爲軍主，諸營乃定。其明日，備欲渡漢水來攻。諸將議衆寡不敵，備便乘勝，欲依水爲陳以拒之。淮曰：『此示弱而不足挫敵，非算也。不如遠水爲陳，引而致之，半濟而後擊，備可破也。』既陳，備疑不渡，淮遂堅守，示無還心。以狀聞，太祖善之，假郃節，復以淮爲司馬。文帝即王位，賜爵關內侯，轉爲鎮西長史。又行征羌護軍，護左將軍張郃、冠軍將軍楊秋討山賊鄭甘、盧水叛胡，皆破平之。關中始定，民得安業。

黄初元年，奉使賀文帝踐阼，而道路得疾，故計遠近爲稽留。及群臣歡會，帝正色責之曰：『昔禹會諸侯於塗山，防風後至，便行大戮。今溥天同慶而卿最留遲，何也？』淮對曰：『臣聞五帝先教導民以德，夏后政衰，始用刑辟。今臣遭唐虞之世，是以自知免於防風之誅也。』帝悦之，擢領雍州刺史，封射陽亭侯，五年爲真。安定羌大帥辟蹏反，討破降之。每羌、胡來降，淮輒先使人推問其親理，男女多少，年歲長幼；及見，一二知其款曲，訊問周至，咸稱神明。

太和二年，蜀相諸葛亮出祁山，遣將軍馬謖至街亭，高詳屯列柳城。張郃擊謖，淮攻詳營，皆破

三國志卷二十七

魏書二十七

徐胡二王傳第二十七

徐邈字景山，燕國薊人也。太祖平河朔，召爲丞相軍謀掾，試守奉高令，入爲東曹議令史。魏國初建，爲尚書郎。時科禁酒，而邈私飲至於沈醉。校事趙達問以曹事，邈曰：『中聖人。』達白之太祖，太祖甚怒。度遼將軍鮮于輔進曰：『平日醉客謂酒清者爲聖人，濁者爲賢人，邈性脩慎，偶醉言耳。』竟坐得免刑。後領隴西太守，轉爲南安。文帝踐阼，歷譙相，平陽、安平太守，潁川典農中郎將，所在著稱，賜爵關內侯。車駕幸許昌，問邈曰：『頗復中聖人不？』邈對曰：『昔子反斃於穀陽，御叔罰於飲酒，臣嗜同二子，不能自懲，時復中之。然宿瘤以醜見傳，而臣以醉見識。』帝大笑，顧左右曰：『名不虛立。』遷撫軍大將軍軍師。

明帝以涼州絕遠，南接蜀寇，以邈爲涼州刺史，使持節領護羌校尉。至，值諸葛亮出祁山，隴右三郡反，邈輒遣參軍及金城太守等擊南安賊，破之。河右少雨，常苦乏穀，邈上脩武威、酒泉鹽池以收虜穀，又廣開水田，募貧民佃之，家家豐足，倉庫盈溢。乃支度州界軍用之餘，以市金帛犬馬，通供中國之費。以漸收斂民閒私仗，藏之府庫。然後率以仁義，立學明訓，禁厚葬，斷淫祀，進善黜惡，風化大行，百姓歸心焉。西域流通，荒戎入貢，皆邈勳也。討叛羌柯吾有功，封都亭侯，邑三百户，加建威將軍。邈與羌、胡從事，不問小過；若犯大罪，先告部帥，使知，應死者乃斬以徇，是以信服畏威。賞賜皆散與將士，無入家者，妻子衣食不充；天子聞而嘉之，隨時供給其家。彈邪繩枉，州界肅清。

正始元年，還爲大司農。遷爲司隸校尉，百寮敬憚之。公事去官。後爲光祿大夫，數歲即拜司空，邈歎曰：『三公論道之官，無其人則缺，豈可以老病忝之哉？』遂固辭不受。嘉平元年，年七十八，以大夫薨于家，用公禮葬，謚曰穆侯。子武嗣。六年，朝廷追思清節之士，詔曰：『夫顯賢表德，聖王所重；舉善而教，仲尼所美。故司空徐邈、征東將軍胡質、衞尉田豫皆服職前朝，歷事四世，出統戎馬，入贊庶政，忠清在公，憂國忘私，不營產業，身没之後，家無餘財，朕甚嘉之。其賜邈等家穀二千斛，錢三十萬，布告天下。』邈同郡韓觀曼游，有鑒識器幹，與邈齊名，而在孫禮、盧毓先，爲豫州刺史，甚有治功，卒官。盧欽著書，稱邈曰：『徐公志高行絜，才博氣猛。其施之也，高而不狷，絜而不介，博而守約，猛而能寬。聖人以清爲難，而徐公之所易也。』或問欽：『徐公當武帝之時，人以爲通，自在涼州及還京師，人以爲介，何也？』欽答曰：『往者毛孝先、崔季珪等用事，貴清素之士，于時皆變易車服以求名高，而徐公不改其常，故人以爲通。比來天下奢靡，轉相倣效，而徐公雅尚自若，不與俗同，故前日之通，乃今日之介也。是世人之無常，而徐公之有常也。』

胡質字文德，楚國壽春人也。少與蔣濟、朱績俱知名於江、淮閒，仕州郡。蔣濟爲別駕，使見太祖。太祖問曰：『胡通達，長者也，寧有子孫不？』濟曰：『有子曰質，規模大略不及於父，至於精良綜事過之。』太祖即召質爲頓丘令。縣民郭政通於從妹，殺其夫程他，郡吏馮諒繫獄爲證。政與妹

皆耐掠隱抵，諒不勝痛，自誣，當反其罪。質至官，察其情色，更詳其事，檢驗具服。

入爲丞相東曹議令史，州請爲治中。將軍張遼與其護軍武周有隙。遼見刺史溫恢求請質，質辭以疾。遼出謂質曰：『僕委意於君，何以相辜如此？』質曰：『古人之交也，取多知其不貪，奔北知其不怯，聞流言而不信，故可終也。武伯南身爲雅士，往者將軍稱之不容於口，今以睚眦之恨，乃成嫌隙。況質才薄，豈能終好？是以不願也。』遼感言，復與周平。

太祖辟爲丞相屬。黄初中，徙吏部郎，爲常山太守，遷任東莞。士盧顯爲人所殺，質曰：『此士無讎而有少妻，所以死乎！』悉見其比居年少，書吏李若見問而色動，遂窮詰情狀。若即自首，罪人斯得。每軍功賞賜，皆散之於衆，無入家者。在郡九年，吏民便安，將士用命。

遷荆州刺史，加振威將軍，賜爵關内侯。吴大將朱然圍樊城，質輕軍赴之。議者皆以爲賊盛不可迫，質曰：『樊城卑下，兵少，故當進軍爲之外援；不然，危矣。』遂勒兵臨圍，城中乃安。遷征東將軍，假節都督青、徐諸軍事。廣農積穀，有兼年之儲，置東征臺，且佃且守。又通渠諸郡，利舟楫，嚴設備以待敵。海邊無事。

性沈實内察，不以其節檢物，所在見思。嘉平二年薨，家無餘財，惟有賜衣書篋而已。軍師以聞，追進封陽陵亭侯，邑百户，謚曰貞侯。子威嗣。六年，詔書褒述質清行，賜其家錢穀。語在《徐邈傳》。威，咸熙中官至徐州刺史，有殊績，歷三郡守，所在有名。卒於安定。

王昶字文舒，太原晉陽人也。少與同郡王凌俱知名。凌年長，昶兄事之。文帝在東宫，昶爲太

子文學，遷中庶子。文帝踐阼，徙散騎侍郎，爲洛陽典農。時都畿樹木成林，昶斫開荒萊，勤勸百姓，墾田特多。遷兗州刺史。明帝即位，加揚烈將軍，賜爵關内侯。昶雖在外任，心存朝廷，以爲魏承秦、漢之弊，法制苛碎，不大釐改國典以準先王之風，而望治化復興，不可得也。乃著《治論》，略依古制而合於時務者二十餘篇，又著《兵書》十餘篇，言奇正之用，青龍中奏之。

其爲兄子及子作名字，皆依謙實，以見其意，故兄子默字處静，沈字處道，其子渾字玄冲，深字道冲。遂書戒之曰：

夫人爲子之道，莫大於寶身全行，以顯父母。此三者人知其善，而或危身破家，陷于滅亡之禍者，何也？由所祖習非其道也。夫孝敬仁義，百行之首，行之而立，身之本也。孝敬則宗族安之，仁義則鄉黨重之，此行成於内，名著于外者矣。人若不篤於至行，而背本逐末，以陷浮華焉，以成朋黨焉；浮華則有虚僞之累，朋黨則有彼此之患。此二者之戒，昭然著明，而循覆車滋衆，逐末彌甚，皆由惑當時之譽，昧目前之利故也。夫富貴聲名，人情所樂，而君子或得而不處，何也？惡不由其道耳。患人知進而不知退，知欲而不知足，故有困辱之累，悔吝之咎。語曰：『如不知足，則失所欲。』故知足之足常足矣。覽往事之成敗，察將來之吉凶，未有干名要利，欲而不厭，而能保世持家，永全福禄者也。欲使汝曹立身行己，遵儒者之教，履道家之言，故以玄默冲虚爲名，欲使汝曹顧名思義，不敢違越也。古者盤杆有銘，几杖有誡，俯仰察焉，用無過行；况在己名，可不戒之哉！夫物速成則疾亡，晚就則善終。朝華之草，夕而零落；松柏之茂，隆寒不衰。是以大雅君子惡速成，戒闕黨

也。若范匄對秦客而武子擊之，折其委笄，惡其掩人也。夫人有善鮮不自伐，有能者寡不自矜；伐則掩人，矜則陵人。掩人者人亦掩之，陵人者人亦陵之。故三郤爲戮于晉，王叔負罪於周，不惟矜善自伐好爭之咎乎？故君子不自稱，非以讓人，惡其蓋人也。夫能屈以爲伸，讓以爲得，弱以爲强，鮮不遂矣。夫毁譽，愛惡之原而禍福之機也，是以聖人慎之。孔子曰：『吾之於人，誰毁誰譽；如有所譽，必有所試。』又曰：『子貢方人。賜也賢乎哉，我則不暇。』以聖人之德，猶尚如此，況庸庸之徒而輕毁譽哉？

昔伏波將軍馬援戒其兄子，言：『聞人之惡，當如聞父母之名；耳可得而聞，口不可得而言也。』斯戒至矣。人或毁己，當退而求之於身。若己有可毁之行，則彼言當矣；若己無可毁之行，則彼言妄矣。當則無怨于彼，妄則無害於身，又何反報焉？且聞人毁己而忿者，惡醜聲之加人也，人報者滋甚，不如默而自脩己也。諺曰：『救寒莫如重裘，止謗莫如自脩。』斯言信矣。若與是非之士，凶險之人，近猶不可，況與對校乎？其害深矣。夫虚僞之人，言不根道，行不顧言，其爲浮淺較可識別；而世人惑焉，猶不檢之以言行也。近濟陰魏諷、山陽曹偉皆以傾邪敗没，熒惑當世，挾持奸慝，驅動後生。雖刑於鈇鉞，大爲炯戒，然所汙染，固以衆矣。可不慎與！

若夫山林之士，夷、叔之倫，甘長飢於首陽，安赴火於緜山，雖可以激貪勵俗，然聖人不可爲，吾亦不願也。今汝先人世有冠冕，惟仁義爲名，守慎爲稱，孝悌於閨門，務學於師友。吾與時人從事，雖出處不同，然各有所取。潁川郭伯益，好尚通達，敏而有知。其爲人弘曠不足，輕貴有餘；得

其人重之如山，不得其人忽之如草。吾以所知親之昵之，不願兒子爲之。北海徐偉長，不治名高，不求苟得，澹然自守，惟道是務。其有所是非，則托古人以見其意，當時無所褒貶。吾敬之重之，願兒子師之。東平劉公幹，博學有高才，誠節有大意，然性行不均，少所拘忌，得失足以相補。吾愛之重之，不願兒子慕之。樂安任昭先，淳粹履道，内敏外恕，推遜恭讓，處不避洿，怯而義勇，在朝忘身。吾友之善之，願兒子遵之。若引而伸之，觸類而長之，汝其庶幾舉一隅耳。及其用財先九族，其施舍務周急，其出入存故老，其論議貴無貶，其進仕尚忠節，其取人務實道，其處世戒驕淫，其貧賤慎無戚，其進退念合宜，其行事加九思，如此而已。吾復何憂哉？

青龍四年，詔：『欲得有才智文章，謀慮淵深，料遠若近，視昧而察，籌不虚運，策弗徒發，端一小心，清脩密静，乾乾不解，志尚在公者，無限年齒，勿拘貴賤，卿校已上各舉一人。』太尉司馬宣王以昶應選。正始中，轉在徐州，封武觀亭侯，遷征南將軍，假節都督荆、豫諸軍事。昶以爲國有常衆，戰無常勝；地有常險，守無常勢。今屯宛，去襄陽三百餘里，諸軍散屯，船在宣池，有急不足相赴，乃表徙治新野，習水軍于二州，廣農墾殖，倉穀盈積。

嘉平初，太傅司馬宣王既誅曹爽，乃奏博問大臣得失。昶陳治略五事：其一，欲崇道篤學，抑絶浮華，使國子入太學而脩庠序；其二，欲用考試，考試猶準繩也，未有舍準繩而意正曲直，廢黜陟而空論能否也；其三，欲令居官者久於其職，有治績則就增位賜爵；其四，欲約官實禄，勵以廉耻，不使與百姓爭利；其五，欲絶侈靡，務崇節儉，令衣服有章，上下有叙，儲穀畜帛，反民於樸。詔

書褒贊。因使撰百官考課事，昶以爲唐虞雖有黜陟之文，而考課之法不垂。周制冢宰之職，大計群吏之治而誅賞，又無校比之制。由此言之，聖主明於任賢，略舉黜陟之體，以委達官之長，而總其統紀，故能否可得而知也。其大指如此。

二年，昶奏：「孫權流放良臣，適庶分爭，可乘釁而制吳、蜀；白帝、夷陵之間，黔、巫、秭歸、房陵皆在江北，民夷與新城郡接，可襲取也。」乃遣新城太守州泰襲巫、秭歸、房陵，荊州刺史王基詣夷陵，昶詣江陵，兩岸引竹絙爲橋，渡水擊之。賊奔南岸，鑿七道並來攻。於是昶使積弩同時俱發，賊大將施績夜遁入江陵城，追斬數百級。昶欲引致平地與合戰，乃先遣五軍案大道發還，使賊望見以喜之，以所獲鎧馬甲首，馳環城以怒之，設伏兵以待之。績果追軍，與戰，克之。績遁走，斬其將鍾離茂、許旻，收其甲首旗鼓珍寶器仗，振旅而還。王基、州泰皆有功。於是遷昶征南大將軍、儀同三司，進封京陵侯。毌丘儉、文欽作亂，引兵拒儉、欽有功，封二子亭侯、關内侯，進位驃騎將軍。諸葛誕反，昶據夾石以逼江陵，持施績、全熙使不得東。誕既誅，詔曰：「昔孫臏佐趙，直湊大梁。西兵驟進，亦所以成東征之勢也。」增邑千户，并前四千七百户，遷司空，持節、都督如故。甘露四年薨，謚曰穆侯。子渾嗣，咸熙中爲越騎校尉。

王基字伯輿，東萊曲城人也。少孤，與叔父翁居。翁撫養甚篤，基亦以孝稱。年十七，郡召爲吏，非其好也，遂去，入琅邪界游學。黄初中，察孝廉，除郎中。是時青土初定，刺史王凌特表請基爲別駕，後召爲秘書郎，凌復請還。頃之，司徒王朗辟基，凌不遣。朗書劾州曰：「凡家臣之良，則升于公輔，公臣之良，則入于王職，是故古者侯伯有貢士之禮。今州取宿衛之臣，留秘閣之吏，所希聞也。」凌猶不遣。凌流稱青土，蓋亦由基協和之輔也。大將軍司馬宣王辟基，未至，擢爲中書侍郎。

明帝盛脩宮室，百姓勞瘁。基上疏曰：「臣聞古人以水喻民，曰『水所以載舟，亦所以覆舟』。故在民上者，不可以不戒懼。夫民逸則慮易，苦則思難，是以先王居之以約儉，俾不至於生患。昔顏淵云東野子之御，馬力盡矣而求進不已，是以知其將敗。今事役勞苦，男女離曠，願陛下深察東野之弊，留意舟水之喻，息奔駟於未盡，節力役於未困。昔漢有天下，至孝文時唯有同姓諸侯，而賈誼憂之曰：『置火積薪之下而寢其上，因謂之安也。』今寇賊未殄，猛將擁兵，檢之則無以應敵，久之則難以遺後，當盛明之世，不務以除患，若子孫不競，社稷之憂也。使賈誼復起，必深切于曩時矣。」

散騎常侍王肅著諸經傳解及論定朝儀，改易鄭玄舊説，而基據持玄義，常與抗衡。遷安平太守，公事去官。大將軍曹爽請爲從事中郎，出爲安豐太守。郡接吳寇，爲政清嚴有威惠，明設防備，敵不敢犯。加討寇將軍。吳嘗大發衆集建業，揚聲欲入攻揚州，刺史諸葛誕使基策之。基曰：「昔孫權再至合肥，一至江夏，其後全琮出廬江，朱然寇襄陽，皆無功而還。今陸遜等已死，而權年老，内無賢嗣，中無謀主。權自出則懼内釁卒起，癰疽發潰；遣將則舊將已盡，新將未信。此不過欲補定支黨，還自保護耳。」後權竟不能出。時曹爽專柄，風化陵遲，基著《時要論》以切世事。以疾徵還，起家爲河南尹，未拜，爽伏誅，基嘗爲爽官屬，隨例罷。

其年爲尚書，出爲荆州刺史，加揚烈將軍，隨征南王昶擊吴。基別襲步協於夷陵，協閉門自守。基示以攻形，而實分兵取雄父邸閣，收米三十餘萬斛，虜安北將軍譚正，納降數千口。於是移其降民，置夷陵縣。賜爵關内侯。基又表城上昶，徙江夏治之，以偪夏口，由是賊不敢輕越江。明制度，整軍農，兼脩學校，南方稱之。時朝廷議欲伐吴，詔基量進趣之宜。基對曰：『夫兵動而無功，則威名折於外，財用窮於内，故必全而後用也。若不資通川聚糧水戰之備，則雖積兵江内，無必渡之勢矣。今江陵有沮、漳二水，溉灌膏腴之田以千數。安陸左右，陂池沃衍。若水陸並農，以實軍資，然後引兵詣江陵、夷陵，分據夏口，順沮、漳，資水浮穀而下。賊知官兵有經久之勢，則拒天誅者意沮，而向王化者益固。然後率合蠻夷以攻其内，精卒勁兵以討其外，則夏口以上必拔，而江外之郡不守。如此，吴、蜀之交絶，交絶而吴禽矣。不然，兵出之利，未可必矣。』於是遂止。

司馬景王新統政，基書戒之曰：『天下至廣，萬機至猥，誠不可不矜矜業業，坐而待旦也。夫志正則衆邪不生，心静則衆事不躁，思慮審定則教令不煩，親用忠良則遠近協服。故知和遠在身，定衆在心。許允、傅嘏、袁侃、崔贊皆一時正士，有直質而無流心，可與同政事者也。』景王納其言。

高貴鄉公即尊位，進封常樂亭侯。毌丘儉、文欽作亂，以基爲行監軍、假節，統許昌軍，適與景王會於許昌。景王曰：『君籌儉等何如？』基曰：『淮南之逆，非吏民思亂也，儉等誑脅迫懼，畏目下之戮，是以尚群聚耳。若大兵臨偪，必土崩瓦解，儉、欽之首，不終朝而縣於軍門矣。』景王曰：『善。』乃令基居軍前。議者咸以儉、欽慓悍，難與争鋒。詔基停駐。基以爲：『儉等舉軍足以深入，而久不進者，是其詐僞已露，衆心疑沮也。今不張示威形以副民望，而停軍高壘，有似畏懦，非用兵之勢也。若或虜略民人，又州郡兵家爲賊所得者，更懷離心；儉等所迫脅者，自顧罪重，不敢復還，此爲錯兵無用之地，而成奸宄之源。吴寇因之，則淮南非國家之有，譙、沛、汝、豫危而不安，此計之大失也。軍宜速進據南頓，南頓有大邸閣，計足軍人四十日糧。保堅城，因積穀，先人有奪人之心，此平賊之要也。』基屢請，乃聽進據濦水。既至，復言曰：『兵聞拙速，未睹工遲之久。方今外有强寇，内有叛臣，若不時决，則事之深淺未可測也。議者多欲將軍持重。將軍持重是也，停軍不進非也。持重非不行之謂也，進而不可犯耳。今據堅城，保壁壘，以積實資虜，縣運軍糧，甚非計也。』景王欲須諸軍集到，猶尚未許。基曰：『將在軍，君令有所不受。彼得則利，我得亦利，是謂争城，南頓是也。』遂輒進據南頓，儉等從項亦争欲往，發十餘里，聞基先到，復還保項。時兗州刺史鄧艾屯樂嘉，儉使文欽將兵襲艾。基知其勢分，進兵偪項，儉衆遂敗。欽等已平，遷鎮南將軍，都督豫州諸軍事，領豫州刺史，進封安樂鄉侯。上疏求分户二百，賜叔父子喬爵關内侯，以報叔父拊育之德。有詔特聽。

諸葛誕反，基以本官行鎮東將軍，都督揚、豫諸軍事。時大軍在項，以賊兵精，詔基斂軍堅壘。基累啓求進討。會吴遣朱異來救誕，軍於安城。基又被詔引諸軍轉據北山，基謂諸將曰：『今圍壘轉固，兵馬向集，但當精脩守備以待越逸，而更移兵守險，使得放縱，雖有智者不能善後矣。』遂守便宜上疏曰：『今與賊家對敵，當不動如山。若遷移依險，人心摇蕩，於勢大損。諸軍並據深溝高

壘，衆心皆定，不可傾動，此御兵之要也。』書奏，報聽。大將軍司馬文王進屯丘頭，分部圍守，各有所統。基督城東城南二十六軍，文王敕軍吏入鎮南部界，一不得有所遣。城中食盡，晝夜攻壘，基輒拒擊，破之。壽春既拔，文王與基書曰：『初議者云云，求移者甚衆，時未臨履，亦謂宜然。將軍深算利害，獨秉固志，上違詔命，下拒衆議，終至制敵禽賊，雖古人所述，不是過也。』文王欲遣諸將輕兵深入，招迎唐咨等子弟，因釁有蕩覆吴之勢。基諫曰：『昔諸葛恪乘東關之勝，竭江表之兵，以圍新城，城既不拔，而衆死者太半。姜維因洮上之利，輕兵深入，糧餉不繼，軍覆上邽。夫大捷之後，上下輕敵，輕敵則慮難不深。今賊新敗於外，又内患未弭，是其脩備設慮之時也。且兵出逾年，人有歸志，今俘馘十萬，罪人斯得，自歷代征伐，未有全兵獨克如今之盛者也。武皇帝克袁紹於官渡，自以所獲已多，不復追奔，懼挫威也。』文王乃止。以淮南初定，轉基爲征東將軍，都督揚州諸軍事，進封東武侯。基上疏固讓，歸功參佐，由是長史司馬等七人皆侯。

是歲，基母卒，詔秘其凶問，迎基父豹喪合葬洛陽，追贈豹北海太守。甘露四年，轉爲征南將軍，都督荆州諸軍事。常道鄉公即尊位，增邑千户，并前五千七百户。前後封子二人亭侯、關内侯。

景元二年，襄陽太守表吴賊鄧由等欲來歸化，基被詔，當因此震蕩江表。基疑其詐，馳驛陳狀。且曰：『嘉平以來，累有内難，當今之務，在于鎮安社稷，綏寧百姓，未宜動衆以求外利。』文王報書曰：『凡處事者，多曲相從順，鮮能確然共盡理實。誠感忠愛，每見規示，輒敬依來指。』後由等竟不降。

是歲基薨，追贈司空，謚曰景侯。子徽嗣，早卒。咸熙中，開建五等，以基著勳前朝，改封基孫廙，而以東武餘邑賜一子爵關内侯。晉室踐阼，下詔曰：『故司空王基既著德立勳，又治身清素，不營産業，久在重任，家無私積，可謂身没行顯，足用勵俗者也。其以奴婢二人賜其家。』

評曰：徐邈清尚弘通，胡質素業貞粹，王昶開濟識度，王基學行堅白，皆掌統方任，垂稱著績。可謂國之良臣，時之彦士矣。

魏書二十八

王毌丘諸葛鄧鍾傳第二十八

王淩字彦雲，太原祁人也。叔父允，爲漢司徒，誅董卓。卓將李傕、郭汜等爲卓報仇，入長安，殺允，盡害其家。淩及兄晨，時年皆少，踰城得脱，亡命歸鄉里。淩舉孝廉，爲發干長，稍遷至中山太守，所在有治，太祖辟爲丞相掾屬。

文帝踐阼，拜散騎常侍，出爲兗州刺史，與張遼等至廣陵討孫權。臨江，夜大風，吳將吕範等船漂至北岸。淩與諸將逆擊，捕斬首虜，獲舟船，有功，封宜城亭侯，加建武將軍，轉在青州。是時海濱乘喪亂之後，法度未整。淩布政施教，賞善罰惡，甚有綱紀，百姓稱之，不容於口。後從曹休征吳，與賊遇於夾石，休軍失利，淩力戰決圍，休得免難。仍徙爲揚、豫州刺史，咸得軍民之歡心。始至豫州，旌先賢之後，求未顯之士，各有條教，意義甚美。初，淩與司馬朗、賈逵友善，及臨兗、豫，繼其名迹。正始初，爲征東將軍，假節都督揚州諸軍事。二年，吳大將全琮數萬衆寇芍陂，淩率諸軍逆討，與賊争塘，力戰連日，賊退走。進封南鄉侯，邑千三百五十户，遷車騎將軍、儀同三司。

是時，淩外甥令狐愚以才能爲兗州刺史，屯平阿。舅甥並典兵，專淮南之重。淩就遷爲司空。司馬宣王既誅曹爽，進淩爲太尉，假節鉞。淩、愚密協計，謂齊王不任天位，楚王彪長而才，欲迎立彪都許昌。嘉平元年九月，愚遣將張式至白馬，與彪相問往來。淩又遣舍人勞精詣洛陽，語子廣。廣言：『廢立大事，勿爲禍先。』其十一月，愚復遣式詣彪，未還，會愚病死。二年，熒惑守南斗，淩謂：『斗中有星，當有暴貴者。』三年春，吳賊塞涂水。淩欲因此發，大嚴諸軍，表求討賊；詔報不聽。淩陰謀滋甚，遣將軍楊弘以廢立事告兗州刺史黄華，華、弘連名以白太傅司馬宣王。宣王將中軍乘水道討淩，先下赦赦淩罪，又將尚書廣東，使爲書喻淩，大軍掩至百尺逼淩。淩自知勢窮，乃乘船單出迎宣王，遣掾王彧謝罪，送印綬、節鉞。軍到丘頭，淩面縛水次。宣王承詔遣主簿解縛反服，見淩，慰勞之，還印綬、節鉞，遣步騎六百人送還京都。淩至項，飲藥死。宣王遂至壽春。張式等皆自首，乃窮治其事。彪賜死，諸相連者悉夷三族。朝議咸以爲《春秋》之義，齊崔杼、鄭歸生皆加追戮，陳尸斲棺，載在方策。淩、愚罪宜如舊典。乃發淩、愚冢，剖棺，暴尸於所近市三日，燒其印綬、朝服，親土埋之。進弘、華爵爲鄉侯。廣有志尚學行，死時年四十餘。

毌丘儉字仲恭，河東聞喜人也。父興，黄初中爲武威太守，伐叛柔服，開通河右，名次金城太守蘇則。討賊張進及討叛胡有功，封高陽鄉侯。入爲將作大匠。儉襲父爵，爲平原侯文學。明帝即位，爲尚書郎，遷羽林監。以東宮之舊，甚見親待。出爲洛陽典農。時取農民以治宫室，儉上疏曰：『臣愚以爲天下所急除者二賊，所急務者衣食。誠使二賊不滅，士民飢凍，雖崇美宫室，猶無益也。』遷荆州刺史。

青龍中，帝圖討遼東，以儉有幹策，徙爲幽州刺史，加度遼將軍，使持節，護烏丸校尉。率幽州諸軍至襄平，屯遼隧。右北平烏丸單于寇婁敦、遼西烏丸都督率衆王護留等，昔隨袁尚奔遼東者，

率衆五千餘人降。寇婁敦遣弟阿羅槃等詣闕朝貢，封其渠率二十餘人爲侯、王，賜輿馬繒彩各有差。公孫淵逆與儉戰，不利，引還。明年，帝遣太尉司馬宣王統中軍及儉等衆數萬討淵，定遼東。儉以功進封安邑侯，食邑三千九百户。

正始中，儉以高句驪數侵叛，督諸軍步騎萬人出玄菟，從諸道討之。句驪王宮將步騎二萬人，進軍沸流水上，大戰梁口，宮連破走。儉遂束馬縣車，以登丸都，屠句驪所都，斬獲首虜以千數。句驪沛者名得來，數諫宮，宮不從其言。得來嘆曰：『立見此地將生蓬蒿。』遂不食而死，舉國賢之。儉令諸軍不壞其墓，不伐其樹，得其妻子，皆放遣之。宮單將妻子逃竄。儉引軍還。六年，復征之，宮遂奔買溝。儉遣玄菟太守王頎追之，過沃沮千有餘里，至肅慎氏南界，刻石紀功，刊丸都之山，銘不耐之城。諸所誅納八千餘口，論功受賞，侯者百餘人。穿山溉灌，民賴其利。

遷左將軍，假節監豫州諸軍事，領豫州刺史，轉爲鎮南將軍。諸葛誕戰于東關，不利，乃令誕、儉對換。誕爲鎮南，都督豫州。儉爲鎮東，都督揚州。吴太傅諸葛恪圍合肥新城，儉與文欽禦之，太尉司馬孚督中軍東解圍，恪退還。

初，儉與夏侯玄、李豐等厚善。揚州刺史前將軍文欽，曹爽之邑人也，驍果粗猛，數有戰功，好增虜獲，以徼寵賞，多不見許，怨恨日甚。儉以計厚待欽，情好歡洽。欽亦感戴，投心無貳。正元二年正月，有彗星數十丈，西北竟天，起于吴、楚之分。儉、欽喜，以爲己祥。遂矯太后詔，罪狀大將軍司馬景王，移諸郡國，舉兵反。迫脅淮南將守諸别屯者，及吏民大小，皆入壽春城，爲壇於城西，歃血稱兵爲盟，分老弱守城，儉、欽自將五六萬衆渡淮，西至項。儉堅守，欽在外爲游兵。

大將軍統中外軍討之，别使諸葛誕督豫州諸軍從安風津擬壽春，征東將軍胡遵督青、徐諸軍出于譙、宋之間，絶其歸路。大將軍屯汝陽，使監軍王基督前鋒諸軍據南頓以待之。令諸軍皆堅壁勿與戰。儉、欽進不得鬭，退恐壽春見襲，不得歸，計窮不知所爲。淮南將士，家皆在北，衆心沮散，降者相屬，惟淮南新附農民爲之用。大將軍遣兖州刺史鄧艾督泰山諸軍萬餘人至樂嘉，示弱以誘之，大將軍尋自洙至。欽不知，果夜來欲襲艾等，會明，見大軍兵馬盛，乃引還。大將軍縱驍騎追擊，大破之，欽遁走。是日，儉聞欽戰敗，恐懼夜走，衆潰。比至慎縣，左右人兵稍棄儉去，儉獨與小弟秀及孫重藏水邊草中。安風津都尉部民張屬就射殺儉，傳首京都。屬封侯。秀、重走入吴。將士諸爲儉、欽所迫脅者，悉歸降。

儉子甸爲治書侍御史，先時知儉謀將發，私出將家屬逃走新安靈山上。别攻下之，夷儉三族。

欽亡入吴，吴以欽爲都護、假節、鎮北大將軍、幽州牧、譙侯。

諸葛誕字公休，琅邪陽都人，諸葛豐後也。初以尚書郎爲滎陽令，入爲吏部郎。人有所屬托，輒顯其言而承用之，後有當否，則公議其得失以爲褒貶，自是群僚莫不慎其所舉。累遷御史中丞尚書，與夏侯玄、鄧颺等相善，收名朝廷，京都翕然。言事者以誕、颺等脩浮華，合虚譽，漸不可長。明帝惡之，免誕官。會帝崩，正始初，玄等並在職。復以誕爲御史中丞尚書，出爲揚州刺史，加昭武將軍。

王凌之陰謀也，太傅司馬宣王潛軍東伐，以誕爲鎮東將軍、假節都督揚州諸軍事，封山陽亭侯。諸葛恪興東關，遣誕督諸軍討之，與戰，不利。還，徙爲鎮南將軍。

後毌丘儉、文欽反，遣使詣誕，招呼豫州士民。誕斬其使，露布天下，令知儉、欽凶逆。大將軍司馬景王東征，使誕督豫州諸軍，渡安風津向壽春。儉、欽之破也，誕先至壽春。壽春中十餘萬口，聞儉、欽敗，恐誅，悉破城門出，流迸山澤，或散走入吳。以誕久在淮南，乃復以爲鎮東大將軍、儀同三司、都督揚州。吳大將孫峻、呂據、留贊等聞淮南亂，會文欽往，乃帥衆將欽徑至壽春；時誕諸軍已至，城不可攻，乃走。誕遣將軍蔣班追擊之，斬贊，傳首，收其印節。進封高平侯，邑三千五百户，轉爲征東大將軍。

誕既與玄、颺等至親，又王凌、毌丘儉累見夷滅，懼不自安，傾帑藏振施以結衆心，厚養親附及揚州輕俠者數千人爲死士。甘露元年冬，吳賊欲向徐堨，計誕所督兵馬足以待之，而復請十萬衆守壽春，又求臨淮築城以備寇，内欲保有淮南。朝廷微知誕有自疑心，以誕舊臣，欲入度之。二年五月，徵爲司空。誕被詔書，愈恐，遂反。召會諸將，自出攻揚州刺史樂綝，殺之。斂淮南及淮北郡縣屯田口十餘萬官兵，揚州新附勝兵者四五萬人，聚穀足一年食，閉城自守。遣長史吳綱將小子靚至吳請救。吳人大喜，遣將全懌、全端、唐咨、王祚等，率三萬衆，密與文欽俱來應誕。以誕爲左都護、假節、大司徒、驃騎將軍、青州牧、壽春侯。是時鎮南將軍王基始至，督諸軍圍壽春，未合。咨、欽等從城東北，因山乘險，得將其衆突入城。

六月，車駕東征，至項。大將軍司馬文王督中外諸軍二十六萬衆，臨淮討之。大將軍屯丘頭。使基及安東將軍陳騫等四面合圍，表裏再重，塹壘甚峻。又使監軍石苞、兗州刺史州泰等，簡鋭卒爲游軍，備外寇。欽等數出犯圍，逆擊走之。吳將朱異再以大衆來迎誕等，渡黎漿水，泰等逆與戰，每摧其鋒。孫綝以異戰不進，怒而殺之。城中食轉少，外救不至，衆無所恃。將軍蔣班、焦彝，皆誕爪牙計事者也，棄誕，逾城自歸大將軍。大將軍乃使反間，以奇變説全懌等，懌等率衆數千人開門來出。城中震懼，不知所爲。

三年正月，誕、欽、咨等大爲攻具，晝夜五六日攻南圍，欲决圍而出。圍上諸軍，臨高以發石車火箭逆燒破其攻具，弩矢及石雨下，死傷者蔽地，血流盈塹。復還入城，城内食轉竭，降出者數萬口。欽欲盡出北方人，省食，與吳人堅守，誕不聽，由是爭恨。欽素與誕有隙，徒以計合，事急愈相疑。欽見誕計事，誕遂殺欽。欽子鴦及虎將兵在小城中，聞欽死，勒兵馳赴之，衆不爲用。鴦、虎單走，逾城出，自歸大將軍。軍吏請誅之，大將軍令曰：『欽之罪不容誅，其子固應當戮，然鴦、虎以窮歸命，且城未拔，殺之是堅其心也。』乃赦鴦、虎，使將兵數百騎馳巡城，呼語城内云：『文欽之子猶不見殺，其餘何懼？』表鴦、虎爲將軍，各賜爵關内侯。城内喜且擾，又日飢困，誕、咨等智力窮。大將軍乃自臨圍，四面進兵，同時鼓譟登城，城内無敢動者。誕窘急，單乘馬，將其麾下突小城門出。大將軍司馬胡奮部兵逆擊，斬誕，傳首，夷三族。誕麾下數百人，坐不降見斬，皆曰：『爲諸葛公死，不恨。』其得人心如此。唐咨、王祚及諸裨將皆面縛降，吳兵萬衆，器仗軍實山積。

初圍壽春，議者多欲急攻之，大將軍以爲：『城固而衆多，攻之必力屈，若有外寇，表裏受敵，此危道也。今三叛相聚於孤城之中，天其或者將使同就戮，吾當以全策縻之，可坐而制也。』誕以二年五月反，三年二月破滅。六軍按甲，深溝高壘，而誕自困，竟不煩攻而克。及破壽春，議者又以爲淮南仍爲叛逆，吳兵室家在江南，不可縱，宜悉坑之。大將軍以爲古之用兵，全國爲上，戮其元惡而已。吳兵就得亡還，適可以示中國之弘耳。一無所殺，分布三河近郡以安處之。

唐咨本利城人。黄初中，利城郡反，殺太守徐箕，推咨爲主。文帝遣諸軍討破之，咨走入海，遂亡至吳，官至左將軍，封侯、持節。誕、欽屠戮，咨亦生禽，三叛皆獲，天下快焉。拜咨安遠將軍，其餘裨將咸假號位，吳衆悦服。江東感之，皆不誅其家。其淮南將吏士民諸爲誕所脅略者，惟誅其首逆，餘皆赦之。聽鴦、虎收斂欽喪，給其車牛，致葬舊墓。

鄧艾字士載，義陽棘陽人也。少孤，太祖破荆州，徙汝南，爲農民養犢。年十二，隨母至潁川，讀故太丘長陳寔碑文，言『文爲世範，行爲士則』，艾遂自名範，字士則。後宗族有與同者，故改焉。爲都尉學士，以口吃，不得作幹佐。爲稻田守叢草吏。同郡吏父憐其家貧，資給甚厚，艾初不稱謝。每見高山大澤，輒規度指畫軍營處所，時人多笑焉。後爲典農綱紀，上計吏，因使見太尉司馬宣王。宣王奇之，辟之爲掾，遷尚書郎。

時欲廣田畜穀，爲滅賊資，使艾行陳、項已東至壽春。艾以爲『田良水少，不足以盡地利，宜開河渠，可以引水澆溉，大積軍糧，又通運漕之道』。乃著《濟河論》以喻其指。又以爲『昔破黄巾，因爲屯田，積穀于許都以制四方。今三隅已定，事在淮南，每大軍征舉，運兵過半，功費巨億，以爲大役。陳、蔡之間，土下田良，可省許昌左右諸稻田，并水東下。令淮北屯二萬人，淮南三萬人，十二分休，常有四萬人，且田且守。水豐常收三倍於西，計除衆費，歲完五百萬斛以爲軍資。六七年間，可積三千萬斛於淮上，此則十萬之衆五年食也。以此乘吳，無往而不克矣』。宣王善之，事皆施行。正始二年，乃開廣漕渠，每東南有事，大軍興衆，汎舟而下，達于江、淮，資食有儲而無水害，艾所建也。

出參征西軍事，遷南安太守。嘉平元年，與征西將軍郭淮拒蜀偏將軍姜維。維退，淮因西擊羌。艾曰：『賊去未遠，或能復還，宜分諸軍以備不虞。』於是留艾屯白水北。三日，維遣廖化自白水南向艾結營。艾謂諸將曰：『維今卒還，吾軍人少，法當來渡而不作橋。此維使化持吾，令不得還。維必自東襲取洮城。』洮城在水北，去艾屯六十里。艾即夜潛軍徑到，維果來渡，而艾先至據城，得以不敗。賜爵關内侯，加討寇將軍，後遷城陽太守。

是時并州右賢王劉豹并爲一部，艾上言曰：『戎狄獸心，不以義親，强則侵暴，弱則内附，故周宣有玁狁之寇，漢祖有平城之圍。每匈奴一盛，爲前代重患。自單于在外，莫能牽制長卑。誘而致之，使來入侍。由是羌夷失統，合散無主。以單于在内，萬里順軌。今單于之尊日疏，外土之威寖重，則胡虜不可不深備也。聞劉豹部有叛胡，可因叛割爲二國，以分其勢。去卑功顯前朝，而子不繼業，宜加其子顯號，使居雁門。離國弱寇，追録舊勳，此御邊長計也。』又陳：『羌胡與民同處者，宜以漸出之，使居民表崇廉恥之教，塞奸宄之路。」大將軍司馬景王新輔政，多納用焉。遷汝南太守，至則尋求昔所厚己吏父，久已死，遣吏祭之，重遺其母，舉其子與計吏。艾所在，荒野開闢，軍民並豐。諸葛恪圍合肥新城，不克，退歸。艾言景王曰：「孫權已沒，大臣未附，吳名宗大族，皆有部曲，阻兵仗勢，足以建命。恪新秉國政，而內無其主，不念撫恤上下以立根基，競於外事，虐用其民，悉國之衆，頓於堅城，死者萬數，載禍而歸，此恪獲罪之日也。昔子胥、吳起、商鞅、樂毅皆見任時君，主沒而敗。況恪才非四賢，而不慮大患，其亡可待也。」恪歸，果見誅。遷兗州刺史，加振威將軍。上言曰：「國之所急，惟農與戰，國富則兵強，兵強則戰勝。然農者，勝之本也。孔子曰『足食足兵』，食在兵前也。上無設爵之勸，則下無財畜之功。今使考績之賞，在於積粟富民，則交游之路絕，浮華之原塞矣。」

高貴鄉公即尊位，進封方城亭侯。毌丘儉作亂，遣健步齎書，欲疑惑大衆，艾斬之，兼道進軍，先趣樂嘉城，作浮橋。司馬景王至，遂據之。文欽以後大軍破敗於城下，艾追之至丘頭。欽奔吳。吳大將軍孫峻等號十萬衆，將渡江，鎮東將軍諸葛誕遣艾據肥陽，艾以與賊勢相遠，非要害之地，輒移屯附亭，遣泰山太守諸葛緒等于黎漿拒戰，遂走之。其年徵拜長水校尉。以破欽等功，進封方城鄉侯，行安西將軍。解雍州刺史王經圍於狄道，姜維退駐鍾提，乃以艾為安西將軍，假節、領護東羌校尉。議者多以為維力已竭，未能更出。艾曰：「洮西之敗，非小失也；破軍殺將，倉廩空虛，百姓流離，幾於危亡。今以策言之，彼有乘勝之勢，我有虛弱之實，一也。彼上下相習，五兵犀利，我將易

兵新，器杖未復，二也。彼以船行，吾以陸軍，勞逸不同，三也。狄道、隴西、南安、祁山，各當有守，彼專為一，我分為四，四也。從南安、隴西，因食羌穀，若趣祁山，熟麥千頃，為之縣餌，五也。賊有黠數，其來必矣。」頃之，維果向祁山，聞艾已有備，乃回從董亭趣南安，艾據武城山以相持。維與艾爭險，不克，其夜，渡渭東行，緣山趣上邽，艾與戰於段谷，大破之。甘露元年詔曰：「逆賊姜維連年狡黠，民夷騷動，西土不寧。艾籌畫有方，忠勇奮發，斬將十數，馘首千計；國威震於巴、蜀，武聲揚於江、岷。今以艾為鎮西將軍、都督隴右諸軍事，進封鄧侯。分五百戶封子忠為亭侯。」二年，拒姜維于長城，維退還。遷征西將軍，前後增邑凡六千六百戶。景元三年，又破維于侯和，維卻保沓中。四年秋，詔諸軍征蜀，大將軍司馬文王皆指授節度，使艾與維相綴連；雍州刺史諸葛緒要維，令不得歸。艾遣天水太守王頎等直攻維營，隴西太守牽弘等邀其前，金城太守楊欣等詣甘松。維聞鍾會諸軍已入漢中，引退還。欣等追躡於彊川口，大戰，維敗走。聞雍州已塞道，屯橋頭，從孔函谷入北道，欲出雍州後。諸葛緒聞之，却還三十里。維入北道三十餘里，聞緒軍卻，尋還，從橋頭過，緒趣截維，較一日不及。維遂東引，還守劍閣。鍾會攻維未能克。艾上言：「今賊摧折，宜遂乘之，從陰平由邪徑經漢德陽亭趣涪，出劍閣西百里，去成都三百餘里，奇兵衝其腹心。劍閣之守必還赴涪，則會方軌而進；劍閣之軍不還，則應涪之兵寡矣。軍志有之曰：『攻其無備，出其不意。』今掩其空虛，破之必矣。」

冬十月，艾自陰平道行無人之地七百餘里，鑿山通道，造作橋閣。山高谷深，至為艱險，又糧運

將匱，頻於危殆。艾以氈自裹，推轉而下。將士皆攀木緣崖，魚貫而進。先登至江由，蜀守將馬邈降。蜀衛將軍諸葛瞻自涪還綿竹，列陳待艾。艾遣子惠唐亭侯忠等出其右，司馬師纂等出其左。忠、纂戰不利，並退還，曰：『賊未可擊。』艾怒曰：『存亡之分，在此一舉，何不可之有？』乃叱忠、纂等，將斬之。忠、纂馳還更戰，大破之，斬瞻及尚書張遵等首，進軍到雒。劉禪遣使奉皇帝璽綬，爲箋詣艾請降。

艾至成都，禪率太子諸王及群臣六十餘人面縛輿櫬詣軍門，艾執節解縛焚櫬，受而宥之。檢御將士，無所虜略，綏納降附，使復舊業，蜀人稱焉。輒依鄧禹故事，承制拜禪行驃騎將軍，太子奉車、諸王駙馬都尉。蜀群司各隨高下拜爲王官，或領艾官屬。以師纂領益州刺史，隴西太守牽弘等領蜀中諸郡。使於綿竹築臺以爲京觀，用彰戰功。士卒死事者，皆與蜀兵同共埋藏。艾深自矜伐，謂蜀士大夫曰：『諸君賴遭某，故得有今日耳。若遇吴漢之徒，已殄滅矣。』又曰：『姜維自一時雄兒也，與某相值，故窮耳。』有識者笑之。

十二月，詔曰：『艾曜威奮武，深入虜庭，斬將搴旗，梟其鯨鯢，使僭號之主，稽首係頸，歷世逋誅，一朝而平。兵不逾時，戰不終日，雲徹席卷，蕩定巴蜀。雖白起破强楚，韓信克勁趙，吴漢禽子陽，亞夫滅七國，計功論美，不足比勳也。其以艾爲太尉，增邑二萬户，封子二人亭侯，各食邑千户。』艾言司馬文王曰：『兵有先聲而後實者，今因平蜀之勢以乘吴，吴人震恐，席卷之時也。然大舉之後，將士疲勞，不可便用，且徐緩之；留隴右兵二萬人，蜀兵二萬人，煮鹽興冶，爲軍農要用，並作舟船，豫順流之事，然後發使告以利害，吴必歸化，可不征而定也。今宜厚劉禪以致孫休，安士民以來遠人，若便送禪於京都，吴以爲流徙，則於向化之心不勸。宜權停留，須來年秋冬，比爾吴亦足平。以爲可封禪爲扶風王，錫其資財，供其左右。郡有董卓塢，爲之宫舍。爵其子爲公侯，食郡内縣，以顯歸命之寵。開廣陵、城陽以待吴人，則畏威懷德，望風而從矣。』文王使監軍衛瓘喻艾：『事當須報，不宜輒行。』艾重言曰：『銜命征行，奉指授之策，元惡既服；至于承制拜假，以安初附，謂合權宜。今蜀舉衆歸命，地盡南海，東接吴會，宜早鎮定。若待國命，往復道途，延引日月。《春秋》之義，大夫出疆，有可以安社稷，利國家，專之可也。今吴未賓，勢與蜀連，不可拘常以失事機。兵法，進不求名，退不避罪，艾雖無古人之節，終不自嫌以損于國也。』鍾會、胡烈、師纂等皆白艾所作悖逆，變釁以結。詔書檻車徵艾。

艾父子既囚，鍾會至成都，先送艾，然後作亂。會已死，艾本營將士追出艾檻車，迎還。瓘遣田續等討艾，遇於綿竹西，斬之。子忠與艾俱死，餘子在洛陽者悉誅，徙艾妻子及孫於西域。

初，艾當伐蜀，夢坐山上而有流水，以問殄虜護軍爰邵。邵曰：『按《易》卦，山上有水曰《蹇》。《蹇》繇曰：「蹇利西南，不利東北。」孔子曰：「《蹇》利西南，往有功也；不利東北，其道窮也。」往必克蜀，殆不還乎！』艾憮然不樂。

泰始元年，晉室踐阼，詔曰：『昔太尉王凌謀廢齊王，而王竟不足以守位。征西將軍鄧艾，矜功失節，實應大辟。然被書之日，罷遣人衆，束手受罪，比於求生遂爲惡者，誠復不同。今大赦得還，若

無子孫者聽使立後，令祭祀不絕。』三年，議郎段灼上疏理艾曰：『艾心懷至忠而荷反逆之名，平定巴蜀而受夷滅之誅，臣竊悼之。惜哉，言艾之反也！艾性剛急，輕犯雅俗，不能協同朋類，故莫肯理之。臣敢言艾不反之狀。昔姜維有斷隴右之志，艾脩治備守，積穀彊兵。值歲凶旱，艾爲區種，身被烏衣，手執耒耜，以率將士。上下相感，莫不盡力。艾持節守邊，所統萬數，而不難僕虜之勞，士民之役，非執節忠勤，孰能若此？故落門、段谷之戰，以少擊多，摧破彊賊。先帝知其可任，委艾廟勝，授以長策。艾受命忘身，束馬縣車，自投死地，勇氣陵雲，士衆乘勢，使劉禪君臣面縛，叉手屈膝。艾功名以成，當書之竹帛，傳祚萬世。七十老公，反欲何求！艾誠恃養育之恩，心不自疑，矯命承制，權安社稷；雖違常科，有合古義，原心定罪，本在可論。鍾會忌艾威名，搆成其事。忠而受誅，信而見疑，頭縣馬市，諸子并斬，見之者垂泣，聞之者嘆息。陛下龍興，闡弘大度，釋諸嫌忌，受誅之家，不拘敘用。昔秦民憐白起之無罪，吳人傷子胥之冤酷，皆爲立祠。今天下民人爲艾悼心痛恨，亦猶是也。臣以爲艾身首分離，捐棄草土，宜收尸喪，還其田宅。以平蜀之功，紹封其孫，使闔棺定謚，死無餘恨。赦冤魂于黃泉，收信義于後世，葬一人而天下慕其行，理一魂而天下歸其義，所爲者寡而悅者衆矣。』九年，詔曰：『艾有功勳，受罪不逃刑，而子孫爲民隸，朕常愍之。其以嫡孫朗爲郎中。』

艾在西時，修治障塞，築起城塢。泰始中，羌虜大叛，頻殺刺史，涼州道斷。吏民安全者，皆保艾所築塢焉。

艾州里時輩南陽州泰，亦好立功業，善用兵，官至征虜將軍、假節都督江南諸軍事。景元二年薨，追贈衞將軍，謚曰壯侯。

鍾會字士季，潁川長社人，太傅繇小子也。少敏惠夙成。中護軍蔣濟著論，謂『觀其眸子，足以知人』。會年五歲，繇遣見濟，濟甚異之，曰：『非常人也。』及壯，有才數技藝，而博學精練名理，以夜續晝，由是獲聲譽。正始中，以爲秘書郎，遷尚書中書侍郎。高貴鄉公即尊位，賜爵關內侯。

毌丘儉作亂，大將軍司馬景王東征，會從，典知密事，衞將軍司馬文王爲大軍後繼。景王薨於許昌，文王總統六軍，會謀謨帷幄。時中詔敕尚書傅嘏，以東南新定，權留衞將軍屯許昌爲內外之援，令嘏率諸軍還。會與嘏謀，使嘏表上，輒與衞將軍俱發，還到雒水南屯住。於是朝廷拜文王爲大將軍、輔政，會遷黃門侍郎，封東武亭侯，邑三百戶。

甘露二年，徵諸葛誕爲司空，時會喪寧在家，策誕必不從命，馳白文王。文王以事已施行，不復追改。及誕反，車駕住項，文王至壽春，會復從行。

初，吳大將全琮，孫權之婚親重臣也，琮子懌，孫靜、從子端、翩、緝等，皆將兵來救誕。懌兄子輝、儀留建業，與其家內爭訟，携其母，將部曲數十家渡江，自歸文王。會建策，密爲輝、儀作書，使輝、儀所親信齎入城告懌等，說吳中怒懌等不能拔壽春，欲盡誅諸將家，故逃來歸命。懌等恐懼，遂將所領開東城門出降，皆蒙封寵，城中由是乖離。壽春之破，會謀居多，親待日隆，時人謂之子房。軍還，遷爲太僕，固辭不就。以中郎在大將軍府管記室事，爲腹心之任。以討諸葛誕功，進爵陳侯，

屢讓不受。詔曰：『會典綜軍事，參同計策，料敵制勝，有謀謨之勳，而推寵固讓，辭指款實，前後累重，志不可奪。夫成功不處，古人所重，其聽會所執，以成其美。』遷司隸校尉。雖在外司，時政損益，當世與奪，無不綜典。嵇康等見誅，皆會謀也。

文王以蜀大將姜維屢擾邊陲，料蜀國小民疲，資力單竭，欲大舉圖蜀。惟會亦以爲蜀可取，豫共籌度地形，考論事勢。景元三年冬，以會爲鎮西將軍、假節都督關中諸軍事。文王敕青、徐、兗、豫、荆、揚諸州，並使作船，又令唐咨作浮海大船，外爲將伐吴者。四年秋，乃下詔使鄧艾、諸葛緒各統諸軍三萬餘人，艾趣甘松、沓中連綴維，緒趣武街、橋頭絶維歸路。會統十餘萬衆，分從斜谷、駱谷入。先命牙門將許儀在前治道，會在後行，而橋穿，馬足陷，於是斬儀。儀者，許褚之子，有功王室，猶不原貸。諸軍聞之，莫不震竦。蜀令諸圍皆不得戰，退還漢、樂二城守。魏興太守劉欽趣子午谷，諸軍數道平行，至漢中。蜀監軍王含守樂城，護軍蔣斌守漢城，兵各五千。會使護軍荀愷、前將軍李輔各統萬人，愷圍漢城，輔圍樂城。會徑過，西出陽安口，遣人祭諸葛亮之墓。使護軍胡烈等行前，攻破關城，得庫藏積穀。姜維自沓中還，至陰平，合集士衆，欲赴關城。未到，聞其已破，退趣白水，與蜀將張翼、廖化等合守劍閣拒會。會移檄蜀將吏士民曰：

往者漢祚衰微，率土分崩，生民之命，幾于泯滅。太祖武皇帝神武聖哲，撥亂反正，拯其將墜，造我區夏。高祖文皇帝應天順民，受命踐阼。烈祖明皇帝奕世重光，恢拓洪業。然江山之外，異政殊俗，率土齊民未蒙王化，此三祖所以顧懷遺恨也。今主上聖德欽明，紹隆前緒，宰輔忠肅明允，劬勞王室，布政垂惠而萬邦協和，施德百蠻而肅慎致貢。悼彼巴蜀，獨爲匪民，愍此百姓，勞役未已。是以命授六師，龔行天罰，征西、雍州、鎮西諸軍，五道並進。古之行軍，以仁爲本，以義治之；王者之師，有征無戰；故虞舜舞干戚而服有苗，周武有散財、發廩、表閭之義。今鎮西奉辭銜命，攝統戎重，庶弘文告之訓，以濟元元之命，非欲窮武極戰，以快一朝之政，故略陳安危之要，其敬聽話言。

益州先主以命世英才，興兵朔野，困躓冀、徐之郊，制命紹、布之手，太祖拯而濟之，與隆大好。中更背違，棄同即異，諸葛孔明仍規秦川，姜伯約屢出隴右，勞動我邊境，侵擾我氐、羌，方國家多故，未遑修九伐之征也。今邊境乂清，方内無事，畜力待時，并兵一向，而巴蜀一州之衆，分張守備，難以禦天下之師。段谷、侯和沮傷之氣，難以敵堂堂之陳。比年以來，曾無寧歲，征夫勤瘁，難以當子來之民。此皆諸賢所親見也。蜀相壯見禽於秦，公孫述授首于漢，九州之險，是非一姓。此皆諸賢所備聞也。明者見危于無形，智者規禍于未萌，是以微子去商，長爲周賓，陳平背項，立功于漢。豈晏安酖毒，懷禄而不變哉？今國朝隆天覆之恩，宰輔弘寬恕之德，先惠後誅，好生惡殺。往者吴將孫壹舉衆内附，位爲上司，寵秩殊異。文欽、唐咨爲國大害，叛主讎賊，還爲戎首。咨困逼禽獲，欽二子還降，皆將軍、封侯；咨與聞國事。壹等窮踧歸命，猶加盛寵，况巴蜀賢知見機而作者哉！誠能深鑒成敗，邈然高蹈，投迹微子之踪，錯身陳平之軌，則福同古人，慶流來裔，百姓士民，安堵舊業，農不易畝，市不回肆，去累卵之危，就永安之福，豈不美與！若偷安旦夕，迷而不反，大兵一發，玉石皆碎，雖欲悔之，亦無及已。其詳擇利害，自求多福，各具宣布，咸使聞知。

鄧艾追姜維到陰平，簡選精鋭，欲從漢德陽入江由、左儋道詣綿竹，趣成都，與諸葛緒共行。緒以本受節度邀姜維，西行非本詔，遂進軍前向白水，與會合。會遣將軍田章等從劍閣西，徑出江由。未至百里，章先破蜀伏兵三校，艾使章先登。遂長驅而前。會與緒軍向劍閣，會欲專軍勢，密白緒畏懦不進，檻車徵還。軍悉屬會，進攻劍閣，不克，引退，蜀軍保險拒守。艾遂至綿竹，大戰，斬諸葛瞻。維等聞瞻已破，率其衆東入于巴。會乃進軍至涪，遣胡烈、田續、龐會等追維。艾進軍向成都，劉禪詣艾降，遣使敕維等令降于會。維至廣漢郪縣，令兵悉放器仗，送節傳於胡烈，便從東道詣會降。會上言曰：『賊姜維、張翼、廖化、董厥等逃死遁走，欲趣成都。臣輒遣司馬夏侯咸、護軍胡烈等，經從劍閣，出新都、大渡截其前，參軍爰彰、將軍句安等躡其後，參軍皇甫闓、將軍王買等從涪南出衝其腹，臣據涪縣爲東西勢援。維等所統步騎四五萬人，擐甲厲兵，塞川填谷，數百里中首尾相繼，憑恃其衆，方軌而西。臣敕咸、闓等令分兵據勢，廣張羅罔，南杜走吴之道，西塞成都之路，北絶越逸之徑，四面雲集，首尾並進，蹊路斷絶，走伏無地。臣又手書申喻，開示生路，群寇困逼，知命窮數盡，解甲投戈，面縛委質，印綬萬數，資器山積。昔舜舞干戚，有苗自服；牧野之師，商旅倒戈：有征無戰，帝王之盛業。全國爲上，破國次之；全軍爲上，破軍次之：用兵之令典。陛下聖德，侔踪前代，翼輔忠明，齊軌公旦，仁育群生，義征不譓，殊俗向化，無思不服，師不逾時，兵不血刃，萬里同風，九州共貫。臣輒奉宣詔命，導揚恩化，復其社稷，安其閭伍，舍其賦調，弛其征役，訓之德禮以移其風，示之軌儀以易其俗，百姓欣欣，人懷逸豫，後來其蘇，義無以過。』會于是禁檢士衆不得鈔略，虚己誘納，以接蜀之群司，與維情好歡甚。十二月詔曰：『會所向摧弊，前無彊敵，緘制衆城，罔羅迸逸。蜀之豪帥，面縛歸命，謀無遺策，舉無廢功。凡所降誅，動以萬計，全勝獨克，有征無戰。拓平西夏，方隅清晏。其以會爲司徒，進封縣侯，增邑萬户。封子二人亭侯，邑各千户。』

會内有異志，因鄧艾承制專事，密白艾有反狀，於是詔書檻車徵艾。司馬文王懼艾或不從命，敕會並進軍成都，監軍衛瓘在會前行，以文王手筆令宣喻艾軍，艾軍皆釋仗，遂收艾入檻車。會所憚惟艾，艾既禽而會尋至，獨統大衆，威震西土。自謂功名蓋世，不可復爲人下，加猛將鋭卒皆在己手，遂謀反。欲使姜維等皆將蜀兵出斜谷，會自將大衆隨其後。既至長安，令騎士從陸道，步兵從水道順流浮渭入河，以爲五日可到孟津，與騎會洛陽，一旦天下可定也。會得文王書云：『恐鄧艾或不就徵，今遣中護軍賈充將步騎萬人徑入斜谷，屯樂城，吾自將十萬屯長安，相見在近。』會得書，驚呼所親語之曰：『但取鄧艾，相國知我能獨辦之；今來大重，必覺我異矣，便當速發。事成，可得天下；不成，退保蜀漢，不失作劉備也。我自淮南以來，畫無遺策，四海所共知也。我欲持此安歸乎！』會以五年正月十五日至，其明日，悉請護軍、郡守、牙門騎督以上及蜀之故官，爲太后發喪于蜀朝堂。矯太后遺詔，使會起兵廢文王，皆班示坐上人，使下議訖，書版署置，更使所親信代領諸軍。所請群官，悉閉著益州諸曹屋中，城門宫門皆閉，嚴兵圍守。會帳下督丘建本屬胡烈，烈薦之文王，會請以自隨，任愛之。建愍烈獨坐，啓會，使聽内一親兵出取飲食，諸牙門隨例各内一人。烈紿語親兵及疏與其子曰：『丘建密説消息，會已作大坑，白棓數千，欲悉呼外兵入，人賜白帢，拜爲散

將，以次棓殺坑中。』諸牙門親兵亦咸說此語，一夜傳相告，皆遍。或謂會：『可盡殺牙門騎督以上。』會猶豫未决。十八日日中，烈軍兵與烈兒雷鼓出門，諸軍兵不期皆鼓譟出，曾無督促之者，而争先赴城。時方給與姜維鎧杖，白外有匈匈聲，似失火，有頃，白兵走向城。會驚，謂維曰：『兵來似欲作惡，當云何？』維曰：『但當擊之耳。』會遣兵悉殺所閉諸牙門郡守，內人共舉机以柱門，兵斲門，不能破。斯須，門外倚梯登城，或燒城屋，蟻附亂進，矢下如雨，牙門、郡守各緣屋出，與其卒兵相得。姜維率會左右戰，手殺五六人，衆既格斬維，争赴殺會。會時年四十，將士死者數百人。

初，艾爲太尉，會爲司徒，皆持節、都督諸軍如故，咸未受命而斃。會兄毓，以四年冬薨，會竟未知問。會兄子邕，隨會與俱死，會所養兄子毅及峻、辿等下獄，當伏誅。司馬文王表天子下詔曰：『峻等祖父繇，三祖之世，極位台司，佐命立勳，饗食廟庭。父毓，歷職內外，幹事有績。昔楚思子文之治，不滅鬭氏之祀。晋録成宣之忠，用存趙氏之後。以會、邕之罪，而絶繇、毓之類，吾有愍然！峻、辿兄弟特原，有官爵者如故。惟毅及邕息伏法。』或曰，毓曾密啓司馬文王，言會挾術難保，不可專任，故宥峻等云。

初，文王欲遣會伐蜀，西曹屬邵悌求見曰：『今遣鍾會率十餘萬衆伐蜀，愚謂會單身無重任，不若使餘人行。』文王笑曰：『我寧當復不知此耶？蜀爲天下作患，使民不得安息，我今伐之如指掌耳，而衆人皆言蜀不可伐。夫人心豫怯則智勇並竭，智勇並竭而强使之，適爲敵禽耳。惟鍾會與人意同，今遣會伐蜀，必可滅蜀。滅蜀之後，就如卿所慮，當何所能一辦耶？凡敗軍之將不可以語勇，亡國之大夫不可與圖存，心膽以破故也。若蜀以破，遺民震恐，不足與圖事；中國將士各自思歸，不肯與同也。若作惡，祇自滅族耳。卿不須憂此，慎莫使人聞也。』及會白鄧艾不軌，文王將西，悌復曰：『鍾會所統，五六倍于鄧艾，但可敕會取艾，不足自行。』文王曰：『卿忘前時所言邪，而更云可不須行乎？雖爾，此言不可宣也。我要自當以信義待人，但人不當負我，我豈可先人生心哉！近日賈護軍問我，言：「頗疑鍾會不？」我答言：「如今遣卿行，寧可復疑卿邪？」賈亦無以易我語也。我到長安，則自了矣。』軍至長安，會果已死，咸如所策。

會嘗論《易》無互體、才性同異。及會死後，于會家得書二十篇，名曰《道論》，而實刑名家也，其文似會。初，會弱冠與山陽王弼並知名。弼好論儒道，辭才逸辯，注《易》及《老子》，爲尚書郎，年二十餘卒。

評曰：王凌風節格尚，毌丘儉才識拔幹，諸葛誕嚴毅威重，鍾會精練策數，咸以顯名，致兹榮任，而皆心大志迂，不慮禍難，變如發機，宗族塗地，豈不謬惑邪！鄧艾矯然强壯，立功立事，然闇于防患，咎敗旋至，豈遠知乎諸葛恪而不能近自見，此蓋古人所謂目論者也。

魏書二十九

方技傳第二十九

華佗字元化，沛國譙人也，一名旉。游學徐土，兼通數經。沛相陳珪舉孝廉，太尉黄琬辟，皆不就。曉養性之術，時人以爲年且百歲而貌有壯容。又精方藥，其療疾，合湯不過數種，心解分劑，不復稱量，煮熟便飲，語其節度，舍去輒愈。若當灸，不過一兩處，每處不過七八壯，病亦應除。若當針，亦不過一兩處，下針言「當引某許，若至，語人」。病者言「已到」，應便拔針，病亦行差。若病結積在內，針藥所不能及，當須刳割者，便飲其麻沸散，須臾便如醉死無所知，因破取。病若在腸中，便斷腸湔洗，縫腹膏摩，四五日差，不痛，人亦不自寤，一月之間，即平復矣。

故甘陵相夫人有娠六月，腹痛不安，佗視脉，曰：「胎已死矣。」使人手摸知所在，在左則男，在右則女。人云「在左」，於是爲湯下之，果下男形，即愈。

縣吏尹世苦四支煩，口中乾，不欲聞人聲，小便不利。佗曰：「試作熱食，得汗則愈；不汗，後三日死。」即作熱食而不汗出，佗曰：「藏氣已絶於內，當啼泣而絶。」果如佗言。

府吏兒尋、李延共止，俱頭痛身熱，所苦正同。佗曰：「尋當下之，延當發汗。」或難其異，佗曰：「尋外實，延內實，故治之宜殊。」即各與藥，明旦並起。

鹽瀆嚴昕與數人共候佗，適至，佗謂昕曰：「君身中佳否？」昕曰：「自如常。」佗曰：「君有急病見於面，莫多飲酒。」坐畢歸，行數里，昕卒頭眩墮車，人扶將還，載歸家，中宿死。

故督郵頓子獻得病已差，詣佗視脉，曰：「尚虛，未得復，勿爲勞事，御內即死。臨死，當吐舌數寸。」其妻聞其病除，從百餘里來省之，止宿交接，中間三日發病，一如佗言。

督郵徐毅得病，佗往省之。毅謂佗曰：「昨使醫曹吏劉租針胃管訖，便苦咳嗽，欲卧不安。」佗曰：「刺不得胃管，誤中肝也，食當日減，五日不救。」遂如佗言。

東陽陳叔山小男二歲得疾，下利常先啼，日以羸困。問佗，佗曰：「其母懷軀，陽氣內養，乳中虛冷，兒得母寒，故令不時愈。」佗與四物女宛丸，十日即除。

彭城夫人夜之廁，蠆螫其手，呻呼無賴。佗令溫湯近熱，漬手其中，卒可得寐，但旁人數爲易湯，湯令暖之，其旦即愈。

軍吏梅平得病，除名還家，家居廣陵，未至二百里，止親人舍。有頃，佗偶至主人許，主人令佗視平，佗謂平曰：「君早見我，可不至此。今疾已結，促去可得與家相見，五日卒。」應時歸，如佗所刻。

佗行道，見一人病咽塞，嗜食而不得下，家人車載欲往就醫。佗聞其呻吟，駐車往視，語之曰：「向來道邊有賣餅家蒜齏大酢，從取三升飲之，病自當去。」即如佗言，立吐蛇一枚，縣車邊，欲造佗。佗尚未還，小兒戲門前，逆見，自相謂曰：「似逢我公，車邊病是也。」疾者前入坐，見佗北壁縣此蛇輩約以十數。

又有一郡守病，佗以爲其人盛怒則差，乃多受其貨而不加治，無何棄去，留書罵之。郡守果大怒，令人追捉殺佗。郡守子知之，屬使勿逐。守瞋恚既甚，吐黑血數升而愈。

又有一士大夫不快，佗云：『君病深，當破腹取。然君壽亦不過十年，病不能殺君，忍病十歲，壽俱當盡，不足故自刳裂。』士大夫不耐痛癢，必欲除之。佗遂下手，所患尋差，十年竟死。

廣陵太守陳登得病，胸中煩懣，面赤不食。佗脉之曰：『府君胃中有蟲數升，欲成内疽，食腥物所爲也。』即作湯二升，先服一升，斯須盡服之。食頃，吐出三升許蟲，赤頭皆動，半身是生魚膾也，所苦便愈。佗曰：『此病後三期當發，遇良醫乃可濟救。』依期果發動，時佗不在，如言而死。

太祖聞而召佗，佗常在左右。太祖苦頭風，每發，心亂目眩，佗針鬲，隨手而差。

李將軍妻病甚，呼佗視脉，曰：『傷娠而胎不去。』將軍言：『聞實傷娠，胎已去矣。』佗曰：『案脉，胎未去也。』將軍以爲不然。佗舍去，婦稍小差。百餘日復動，更呼佗，佗曰：『此脉故事有胎。前當生兩兒，一兒先出，血出甚多，後兒不及生。母不自覺，旁人亦不寤，不復迎，遂不得生。胎死，血脉不復歸，必燥著母脊，故使多脊痛。今當與湯，并針一處，此死胎必出。』湯針既加，婦痛急如欲生者。佗曰：『此死胎久枯，不能自出，宜使人探之。』果得一死男，手足完具，色黑，長可尺所。

佗之絶技，凡此類也。然本作士人，以醫見業，意常自悔，後太祖親理，得病篤重，使佗專視。佗曰：『此近難濟，恒事攻治，可延歲月。』佗久遠家思歸，因曰：『當得家書，方欲暫還耳。』到家，辭以妻病，數乞期不反。太祖累書呼，又敕郡縣發遣。佗恃能厭食事，猶不上道。太祖大怒，使人往檢。若妻信病，賜小豆四十斛，寬假限日；若其虚詐，便收送之。於是傳付許獄，考驗首服。荀彧請曰：『佗術實工，人命所縣，宜含宥之。』太祖曰：『不憂，天下當無此鼠輩耶？』遂考竟佗。佗臨死，出一卷書與獄吏，曰：『此可以活人。』吏畏法不受，佗亦不强，索火燒之。佗死後，太祖頭風未除。太祖曰：『佗能愈此。小人養吾病，欲以自重，然吾不殺此子，亦終當不爲我斷此根原耳。』及後愛子倉舒病因，太祖歎曰：『吾悔殺華佗，令此兒强死也。』

初，軍吏李成苦咳嗽，晝夜不寤，時吐膿血，以問佗。佗言：『君病腸臃，咳之所吐，非從肺來也。與君散兩錢，當吐二升餘膿血訖，快自養，一月可小起，好自將愛，一年便健。十八歲當一小發，服此散，亦行復差。若不得此藥，故當死。』復與兩錢散，成得藥，去五六歲，親中人有病如成者，謂成曰：『卿今强健，我欲死，何忍無急去藥，以待不祥？先持貸我，我差，爲卿從華佗更索。』成與之。已故到譙，適值佗見收，怱怱不忍從求。後十八歲，成病竟發，無藥可服，以至於死。

廣陵吴普、彭城樊阿皆從佗學。普依準佗治，多所全濟。佗語普曰：『人體欲得勞動，但不當使極爾。動摇則穀氣得消，血脉流通，病不得生，譬猶户樞不朽是也。是以古之仙者爲導引之事，熊頸鴟顧，引輓腰體，動諸關節，以求難老。吾有一術，名五禽之戲，一曰虎，二曰鹿，三曰熊，四曰猨，五曰鳥，亦以除疾，並利蹄足，以當導引。體中不快，起作一禽之戲，沾濡汗出，因上著粉，身體輕便，腹中欲食。』普施行之，年九十餘，耳目聰明，齒牙完堅。阿善針術。凡醫咸言背及胸藏之間不可妄針，針之不過四分，而阿針背入一二寸，巨闕胸藏針下五六寸，而病輒皆瘳。阿從佗求可服食益於

人者，佗授以漆葉青黏散。漆葉屑一升，青黏屑十四兩，以是爲率，言久服去三蟲，利五藏，輕體，使人頭不白。阿從其言，壽百餘歲。漆葉處所而有，青黏生於豐、沛、彭城及朝歌云。

杜夔字公良，河南人也。以知音爲雅樂郎，中平五年，疾去官。州郡司徒禮辟，以世亂奔荊州。荊州牧劉表令與孟曜爲漢主合雅樂，樂備，表欲庭觀之，夔諫曰：『今將軍號爲天子合樂，而庭作之，無乃不可乎！』表納其言而止。後表子琮降太祖，太祖以夔爲軍謀祭酒，參太樂事，因令創制雅樂。

夔善鐘律，聰思過人，絲竹八音，靡所不能，惟歌舞非所長。時散郎鄧静、尹齊善咏雅樂，歌師尹胡能歌宗廟郊祀之曲，舞師馮肅、服養曉知先代諸舞，夔總統研精，遠考諸經，近采故事，教習講肄，備作樂器，紹復先代古樂，皆自夔始也。

黄初中，爲太樂令、協律都尉。漢鑄鐘工柴玉巧有意思，形器之中，多所造作，亦爲時貴人見知。夔令玉鑄銅鐘，其聲均清濁多不如法，數毁改作。玉甚厭之，謂夔清濁任意，頗拒捍夔。夔、玉更相白於太祖，太祖取所鑄鐘，雜錯更試，然後知夔爲精而玉之妄也，於是罪玉及諸子，皆爲養馬士。文帝愛待玉，又嘗令夔與左騏等於賓客之中吹笙鼓琴，夔有難色，由是帝意不悦。後因他事繫夔，使騏等就學，夔自謂所習者雅，仕宦有本，意猶不滿，遂黜免以卒。

弟子河南邵登、張泰、桑馥，各至太樂丞，下邳陳頏司律中郎將。自左延年等雖妙於音，咸善鄭聲，其好古存正莫及夔。

朱建平，沛國人也。善相術，於閭巷之間，效驗非一。太祖爲魏公，聞之，召爲郎。文帝爲五官將，坐上會客三十餘人，文帝問己年壽，又令遍相衆賓。建平曰：『將軍當壽八十，至四十時當有小厄，願謹護之。』謂夏侯威曰：『君四十九位爲州牧，而當有厄，厄若得過，可年至七十，致位公輔。』謂應璩曰：『君六十二位爲常伯，而當有厄，先此一年，當獨見一白狗，而旁人不見也。』謂曹彪曰：『君據藩國，至五十七當厄於兵，宜善防之。』

初，潁川荀攸、鍾繇相與親善。攸先亡，子幼。繇經紀其門户，欲嫁其妾。與人書曰：『吾與公達曾共使朱建平相，建平曰：「荀君雖少，然當以後事付鍾君。」吾時啁之曰：「惟當嫁卿阿鶩耳。」何意此子竟早隕没，戲言遂驗乎！今欲嫁阿鶩，使得善處。追思建平之妙，雖唐舉、許負何以復加也！』

文帝黄初七年，年四十，病困，謂左右曰：『建平所言八十，謂晝夜也，吾其決矣。』頃之，果崩。夏侯威爲兗州刺史，年四十九，十二月上旬得疾，念建平之言，自分必死，豫作遺令及送喪之備，咸使素辦。至下旬轉差，垂以平復。三十日日昃，請紀綱大吏設酒，曰：『吾所苦漸平，明日鷄鳴，年便五十，建平之戒，真必過矣。』威罷客之後，合瞑疾動，夜半遂卒。璩六十一爲侍中，直省内，欻見白狗，問之衆人，悉無見者。於是數聚會，并急游觀田里，飲宴自娱，過期一年，六十三卒。曹彪封楚王，年五十七，坐與王凌通謀，賜死。凡説此輩，無不如言，不能具詳，故粗記數事。惟相司空王昶、征北將軍程喜、中領軍王肅有蹉跌云。肅年六十二，疾篤，衆醫並以爲不愈。肅夫人問以遺言，肅

云：『建平相我逾七十，位至三公，今皆未也，將何慮乎！』而肅竟卒。

建平又善相馬。文帝將出，取馬外入，建平道遇之，語曰：『此馬之相，今日死矣。』帝將乘馬，馬惡衣香，驚嚙文帝膝，帝大怒，即便殺之。建平黃初中卒。

周宣字孔和，樂安人也。爲郡吏。太守楊沛夢人曰：『八月一日曹公當至，必與君杖，飲以藥酒。』使宣占之。是時黃巾賊起，宣對曰：『夫杖起弱者，藥治人病，八月一日，賊必除滅。』至期，賊果破。

後東平劉楨夢蛇生四足，穴居門中，使宣占之，宣曰：『此爲國夢，非君家之事也。當殺女子而作賊者。』頃之，女賊鄭、姜遂俱夷討，以蛇女子之祥，足非蛇之所宜故也。

文帝問宣曰：『吾夢殿屋兩瓦墮地，化爲雙鴛鴦，此何謂也？』宣對曰：『後宮當有暴死者。』帝曰：『吾詐卿耳！』宣對曰：『夫夢者意耳，苟以形言，便占吉凶。』言未畢，而黃門令奏宮人相殺。無幾，帝復問曰：『我昨夜夢青氣自地屬天。』宣對曰：『天下當有貴女子冤死。』是時，帝已遣使賜甄后璽書，聞宣言而悔之，遣人追使者不及。帝復問曰：『吾夢摩錢文，欲令滅而更愈明，此何謂邪？』宣悵然不對。帝重問之，宣對曰：『此自陛下家事，雖意欲爾而太后不聽，是以文欲滅而明耳。』時帝欲治弟植之罪，偪於太后，但加貶爵。以宣爲中郎，屬太史。

嘗有問宣曰：『吾昨夜夢見芻狗，其占何也？』宣答曰：『君欲得美食耳！』有頃，出行，果遇豐膳。後又問宣曰：『昨夜復夢見芻狗，何也？』宣曰：『君欲墮車折脚，宜戒慎之。』頃之，果如宣言。後又問宣：『昨夜復夢見芻狗，何也？』宣曰：『君家失火，當善護之。』俄遂火起。語宣曰：『前後三時，皆不夢也。聊試君耳，何以皆驗邪？』宣對曰：『此神靈動君使言，故與真夢無異也。』又問宣曰：『三夢芻狗而其占不同，何也？』宣曰：『芻狗者，祭神之物。故君始夢，當得餘食也。祭祀既訖，則芻狗爲車所轢，故中夢當墮車折脚也。芻狗既車轢之後，必載以爲樵，故後夢憂失火也。』宣之敘夢，凡此類也。十中八九，世以比建平之相矣。其餘效故不次列。明帝末卒。

管輅字公明，平原人也。容貌粗醜，無威儀而嗜酒，飲食言戲，不擇非類，故人多愛之而不敬也。

父爲利漕，利漕民郭恩兄弟三人，皆得躄疾，使輅筮其所由。輅曰：『卦中有君本墓，墓中有女鬼，非君伯母，當叔母也。昔饑荒之世，當有利其數升米者，排著井中，嘖嘖有聲，推一大石，下破其頭，孤魂冤痛，自訴於天。』於是恩涕泣服罪。

廣平劉奉林婦病困，已買棺器。時正月也，使輅占，曰：『命在八月辛卯日日中之時。』林謂必不然，而婦漸差，至秋發動，一如輅言。

輅往見安平太守王基，基令作卦，輅曰：『當有賤婦人，生一男兒，墮地便走入竈中死。又床上當有一大蛇銜筆，小大共視，須臾去之也。又烏來入室中，與燕共鬭，燕死，烏去。有此三怪。』基大驚，問其吉凶。輅曰：『直官舍久遠，魑魅魍魎爲怪耳。兒生便走，非能自走，直宋無忌之妖將其入竈也。大蛇銜筆，直老書佐耳。烏與燕鬭，直老鈴下耳。今卦中見象而不見其凶，知非妖咎之徵，自

無所憂也。』後卒無患。

時信都令家婦女驚恐，更互疾病，使輅筮之。輅曰：『君北堂西頭，有兩死男子，一男持矛，一男持弓箭，頭在壁內，脚在壁外。持矛者主刺頭，故頭重痛不得舉也。持弓箭者主射胸腹，故心中縣痛不得飲食也。晝則浮游，夜來病人，故使驚恐也。』於是掘徙骸骨，家中皆愈。

清河王經去官還家，輅與相見。經曰：『近有一怪，大不喜之，欲煩作卦。』卦成，輅曰：『爻吉，不爲怪也。君夜在堂户前，有一流光如燕爵者，入君懷中，殷殷有聲，內神不安，解衣彷徉，招呼婦人，覓索餘光。』經大笑曰：『實如君言。』輅曰：『吉，遷官之徵也，其應行至。』頃之，經爲江夏太守。

輅又至郭恩家，有飛鳩來在梁頭，鳴甚悲。輅曰：『當有老公從東方來，携豚一頭，酒一壺。主人雖喜，當有小故。』明日果有客，如所占。恩使客節酒、戒肉、慎火，而射鷄作食，箭從樹間激中數歲女子手，流血驚怖。

輅至安德令劉長仁家，有鳴鵲來在閤屋上，其聲甚急。輅曰：『鵲言東北有婦昨殺夫，牽引西家人夫離婁，候不過日在虞淵之際，告者至矣。』到時，果有東北同伍民來告：鄰婦手殺其夫，詐言『西家人與夫有嫌，來殺我婿』。

輅至列人典農王弘直許，有飄風高三尺餘，從申上來，在庭中幢幢回轉，息以復起，良久乃止。直以問輅，輅曰：『東方當有馬吏至，恐父哭子，如何！』明日膠東吏到，直子果亡。直問其故，輅曰：『其日乙卯，則長子之候也。木落於申，斗建申，申破寅，死喪之候也。日加午而風發，則馬之候也。離爲文章，則吏之候也。申未爲虎，虎爲大人，則父之候也。』有雄雉飛來，登直內鈴柱頭，直大以不安，令輅作卦，輅曰：『到五月必遷。』時三月也，至期，直果爲勃海太守。

館陶令諸葛原遷新興太守，輅往祖餞之，賓客並會。原自起取燕卵、蜂窠、鼅鼄著器中，使射覆。卦成，輅曰：『第一物，含氣須變，依乎宇堂，雄雌以形，翅翼舒張，此燕卵也。第二物，家室倒縣，門户衆多，藏精育毒，得秋乃化，此蜂窠也。第三物，觳觫長足，吐絲成羅，尋網求食，利在昏夜，此鼅鼄也。』舉坐驚喜。

輅族兄孝國，居在斥丘，輅往從之，與二客會。客去後，輅謂孝國曰：『此二人天庭及口耳之間同有凶氣，異變俱起，雙魂無宅，流魂于海，骨歸于家，少許時當並死也。』復數十日，二人飲酒醉，夜共載車，牛驚下道入漳河中，皆即溺死也。

當此之時，輅之鄰里，外户不閉，無相偷竊者。清河太守華表，召輅爲文學掾。安平趙孔曜薦輅於冀州刺史裴徽曰：『輅雅性寬大，與世無忌，仰觀天文則同妙甘公、石申，俯覽《周易》則齊思季主。今明使君方垂神幽藪，留精九皋，輅宜蒙陰和之應，得及羽儀之時。』徽於是辟爲文學從事，引與相見，大善友之。徙部鉅鹿，遷治中別駕。

初應州召，與弟季儒共載，至武城西，自卦吉凶，語儒云：『當在故城中見三貍，爾者乃顯。』前到河西故城角，正見三貍共踞城側，兄弟並喜。正始九年舉秀才。

十二月二十八日，吏部尚書何晏請之，鄧颺在晏許。晏謂輅曰：『聞君著爻神妙，試爲作一卦，知位當至三公不？』又問：『連夢見青蠅數十頭，來在鼻上，驅之不肯去，有何意故？』輅曰：『夫飛鴞，天下賤鳥，及其在林食椹，則懷我好音，況輅心非草木，敢不盡忠？昔元、凱之弼重華，宣惠慈和，周公之翼成王，坐而待旦，故能流光六合，萬國咸寧。此乃履道休應，非卜筮之所明也。今君侯位重山嶽，勢若雷電，而懷德者鮮，畏威者衆，殆非小心翼翼多福之仁。又鼻者艮，此天中之山，高而不危，所以長守貴也。今青蠅臭惡，而集之焉。位峻者顛，輕豪者亡，不可不思害盈之數，盛衰之期。是故山在地中曰謙，雷在天上曰壯；謙則裒多益寡，壯則非禮不履。未有損己而不光大，行非而不傷敗。願君侯上追文王六爻之旨，下思尼父彖象之義，然後三公可決，青蠅可驅也。』颺曰：『此老生之常譚。』輅答曰：『夫老生者見不生，常譚者見不譚。』晏曰：『過歲更當相見。』輅還邑舍，具以此言語舅氏，舅氏責輅言太切至。輅曰：『與死人語，何所畏邪？』舅大怒，謂輅狂悖。歲朝，西北大風，塵埃蔽天，十餘日，聞晏、颺皆誅，然後舅氏乃服。

始輅過魏郡太守鍾毓，共論《易》義，輅因言『卜可知君生死之日』。毓使筮其生日月，如言無蹉跌。毓大愕然，曰：『君可畏也。死以付天，不以付君。』遂不復筮。毓問輅：『天下當太平否？』輅曰：『方今四九天飛，利見大人，神武升建，王道文明，何憂不平？』毓未解輅言，無幾，曹爽等誅，乃覺寤云。

平原太守劉邠取印囊及山鷄毛著器中，使筮。輅曰：『内方外圓，五色成文，含寶守信，出則有章，此印囊也。高嶽岩岩，有鳥朱身，羽翼玄黄，鳴不失晨，此山鷄毛也。』邠曰：『此郡官舍，連有變怪，使人恐怖，其理何由？』輅曰：『或因漢末之亂，兵馬擾攘，軍尸流血，汙染丘山，故因昏夕，多有怪形也。明府道德高妙，自天祐之，願安百禄，以光休寵。』

清河令徐季龍使人行獵，令輅筮其所得。輅曰：『當獲小獸，復非食禽，雖有爪牙，微而不强，雖有文章，蔚而不明，非虎非雉，其名曰狸。』獵人暮歸，果如輅言。季龍取十三種物，著大篋中，使輅射。云：『器中藉藉有十三種物。』先説鷄子，後道蠶蛹，遂一一名之，惟以梳爲枇耳。

輅隨軍西行，過毌丘儉墓下，倚樹哀吟，精神不樂。人問其故，輅曰：『林木雖茂，無形可久；碑誄雖美，無後可守。玄武藏頭，蒼龍無足，白虎銜尸，朱雀悲哭，四危以備，法當滅族。不過二載，其應至矣。』卒如其言。後得休，過清河倪太守。時天旱，倪問輅雨期，輅曰：『今夕當雨。』是日暘燥，晝無形似，府丞及令在坐，咸謂不然。到鼓一中，星月皆没，風雲並起，竟成快雨。於是倪盛脩主人禮，共爲歡樂。

正元二年，弟辰謂輅曰：『大將軍待君意厚，冀當富貴乎？』輅長嘆曰：『吾自知有分直耳，然天與我才明，不與我年壽，恐四十七八間，不見女嫁兒娶婦也。若得免此，欲作洛陽令，可使路不拾遺，枹鼓不鳴。但恐至太山治鬼，不得治生人，如何！』辰問其故，輅曰：『吾額上無生骨，眼中無守精，鼻無梁柱，脚無天根，背無三甲，腹無三壬，此皆不壽之驗。又吾本命在寅，加月食夜生。天有常數，不可得諱，但人不知耳。吾前後相當死者過百人，略無錯也。』是歲八月，爲少府丞。明年二月

卒，年四十八。

評曰：華佗之醫診，杜夔之聲樂，朱建平之相術，周宣之相夢，管輅之術筮，誠皆玄妙之殊巧，非常之絶技矣。昔史遷著扁鵲、倉公、日者之傳，所以廣異聞而表奇事也。故存録云爾。

三國志卷三十

魏書三十

烏丸鮮卑東夷傳第三十

《書》載『蠻夷猾夏』，《詩》稱『玁狁孔熾』，久矣其爲中國患也。秦、漢以來，匈奴久爲邊害。孝武雖外事四夷，東平兩越、朝鮮，西討貳師、大宛，開邛苲、夜郎之道，然皆在荒服之外，不能爲中國輕重。而匈奴最逼於諸夏，胡騎南侵則三邊受敵，是以屢遣衞、霍之將，深入北伐，窮追單于，奪其饒衍之地。後遂保塞稱藩，世以衰弱。建安中，呼廚泉南單于入朝，遂留內侍，使右賢王撫其國，而匈奴折節，過於漢舊。然烏丸、鮮卑稍更强盛，亦因漢末之亂，中國多事，不遑外討，故得擅漠南之地，寇暴城邑，殺略人民，北邊仍受其困。會袁紹兼河北，乃撫有三郡烏丸，寵其名王而收其精騎。其後尚、熙又逃于蹋頓。蹋頓又驍武，邊長老皆比之冒頓，恃其阻遠，敢受亡命，以雄百蠻。太祖潛師北伐，出其不意，一戰而定之，夷狄慴服，威振朔土。遂引烏丸之衆服從征討，而邊民得用安息。後鮮卑大人軻比能復制御群狄，盡收匈奴故地，自雲中、五原以東抵遼水，皆爲鮮卑庭。數犯塞寇邊，幽、并苦之。田豫有馬城之圍，畢軌有陘北之敗。青龍中，帝乃聽王雄，遣劍客刺之。然後種落離散，互相侵伐，强者遠遁，弱者請服。由是邊陲差安，漠南少事，雖時頗鈔盗，不能復相扇動矣。烏丸、鮮卑即古所謂東胡也。其習俗、前事，撰漢記者已録而載之矣。故但舉漢末魏初以來，以備四夷之變云。

漢末，遼西烏丸大人丘力居，衆五千餘落，上谷烏丸大人難樓，衆九千餘落，各稱王，而遼東屬國烏丸大人蘇僕延，衆千餘落，自稱峭王，右北平烏丸大人烏延，衆八百餘落，自稱汗魯王，皆有計策勇健。中山太守張純叛入丘力居衆中，自號彌天安定王，爲三郡烏丸元帥，寇略青、徐、幽、冀四州，殺略吏民。靈帝末，以劉虞爲幽州牧，募胡斬純首，北州乃定。後丘力居死，子樓班年小，從子蹋頓有武略，代立，總攝三王部，衆皆從其教令。袁紹與公孫瓚連戰不決，蹋頓遣使詣紹求和親，助紹擊瓚，破之。紹矯制賜蹋頓、峭王、汗魯王印綬，皆以爲單于。

後樓班大，峭王率其部衆奉樓班爲單于，蹋頓爲王。然蹋頓多畫計策。廣陽閻柔，少没烏丸、鮮卑中，爲其種所歸信。柔乃因鮮卑衆，殺烏丸校尉邢舉代之，紹因寵慰以安北邊。後袁尚敗奔蹋頓，憑其勢，復圖冀州。會太祖平河北，柔帥鮮卑、烏丸歸附，遂因以柔爲校尉，猶持漢使節，治廣甯如舊。建安十一年，太祖自征蹋頓於柳城，潛軍詭道，未至百餘里，虜乃覺。尚與蹋頓將衆逆戰於凡城，兵馬甚盛。太祖登高望虜陳，抑軍未進，觀其小動，乃擊破其衆，臨陳斬蹋頓首，死者被野。速附丸、樓班、烏延等走遼東，遼東悉斬，傳送其首。其餘遺迸皆降。及幽州、并州柔所統烏丸萬餘落，悉徙其族居中國，帥從其侯王大人種衆與征伐。由是三郡烏丸爲天下名騎。

鮮卑步度根既立，衆稍衰弱，中兄扶羅韓亦別擁衆數萬爲大人。建安中，太祖定幽州，步度根與軻比能等因烏丸校尉閻柔上貢獻。後代郡烏丸能臣氏等叛，求屬扶羅韓，扶羅韓將萬餘騎迎之。到桑乾，氏等議，以爲扶羅韓部威禁寬緩，恐不見濟，更遣人呼軻比能。比能即將萬餘騎到，當共盟

誓。比能便於會上殺扶羅韓，扶羅韓子泄歸泥及部衆悉屬比能。比能自以殺歸泥父，特又善遇之。步度根由是怨比能。文帝踐阼，田豫爲烏丸校尉，持節并護鮮卑，屯昌平。步度根遣使獻馬，帝拜爲王。後數與軻比能更相攻擊，步度根部衆稍寡弱，將其衆萬餘落保太原、雁門郡。步度根乃使人招呼泄歸泥曰：『汝父爲比能所殺，不念報仇，反屬怨家。今雖厚待汝，是欲殺汝計也。不如還我，我與汝是骨肉至親，豈與仇等？』由是歸泥將其部落逃歸步度根，比能追之弗及。至黃初五年，步度根詣闕貢獻，厚加賞賜，是後一心守邊，不爲寇害，而軻比能衆遂强盛。明帝即位，務欲綏和戎狄，以息征伐，羈縻兩部而已。至青龍元年，比能誘步度根深結和親，於是步度根將泄歸泥及部衆悉保比能，寇鈔并州，殺略吏民。帝遣驍騎將軍秦朗征之，歸泥叛比能，將其部衆降，拜歸義王，賜幢麾、曲蓋、鼓吹，居并州如故。步度根爲比能所殺。

軻比能本小種鮮卑，以勇健，斷法平端，不貪財物，衆推以爲大人。部落近塞，自袁紹據河北，中國人多亡叛歸之，教作兵器鎧楯，頗學文字。故其勒御部衆，擬則中國，出入弋獵，建立旌麾，以鼓節爲進退。建安中，因閻柔上貢獻。太祖西征關中，田銀反河間，比能將三千餘騎隨柔擊破銀。後代郡烏丸反，比能復助爲寇害，太祖以鄢陵侯彰爲驍騎將軍，北征，大破之。比能走出塞，後復通貢獻。延康初，比能遣使獻馬，文帝亦立比能爲附義王。黃初二年，比能出諸魏人在鮮卑者五百餘家，還居代郡。明年，比能帥部落大人小子代郡烏丸修武盧等三千餘騎，驅牛馬七萬餘口交市，遣魏人千餘家居上谷。後與東部鮮卑大人素利及步度根三部爭鬬，更相攻擊。田豫和合，使不得相侵。五年，比能復擊素利，豫帥輕騎徑進掎其後。比能使別小帥瑣奴拒豫，豫進討，破走之，由是懷貳。乃與輔國將軍鮮于輔書曰：『夷狄不識文字，故校尉閻柔保我於天子。我與素利爲讎，往年攻擊之，而田校尉助素利。我臨陳使瑣奴往，聞使君來，即便引軍退。步度根數數鈔盜，又殺我弟，而誣我以鈔盜。我夷狄雖不知禮義，兄弟子孫受天子印綬，牛馬尚知美水草，況我有人心邪！將軍當保明我於天子。』輔得書以聞，帝復使豫招納安慰。比能衆遂强盛，控弦十餘萬騎。每鈔略得財物，均平分付，一決目前，終無所私，故得衆死力，餘部大人皆敬憚之，然猶未能及檀石槐也。

太和二年，豫遣譯夏舍詣比能女婿鬱築鞬部，舍爲鞬所殺。其秋，豫將西部鮮卑蒲頭、泄歸泥出塞討鬱築鞬，大破之。還至馬城，比能自將三萬騎圍豫七日。上谷太守閻志，柔之弟也，素爲鮮卑所信。志往解喻，即解圍去。後幽州刺史王雄并領校尉，撫以恩信。比能數款塞，詣州奉貢獻。至青龍元年，比能誘納步度根，使叛并州，與結和親，自勒萬騎迎其累重於陘北。并州刺史畢軌遣將軍蘇尚、董弼等擊之，比能遣子將騎與尚等會戰於樓煩，臨陳害尚、弼。至三年中，雄遣勇士韓龍刺殺比能，更立其弟。

素利、彌加、厥機皆爲大人，在遼西、右北平、漁陽塞外，道遠初不爲邊患，然其種衆多於比能。建安中，因閻柔上貢獻，通市，太祖皆表寵以爲王。厥機死，又立其子沙末汗爲親漢王。延康初，又各遣使獻馬。文帝立素利、彌加爲歸義王。素利與比能更相攻擊。太和二年，素利死。子小，以弟成律歸爲王，代攝其衆。

《書》稱『東漸于海，西被于流沙』。其九服之制，可得而言也。然荒域之外，重譯而至，非足迹車軌所及，未有知其國俗殊方者也。自虞暨周，西戎有白環之獻，東夷有肅慎之貢，皆曠世而至，其遐遠也如此。及漢氏遣張騫使西域，窮河源，經歷諸國，遂置都護以總領之，然後西域之事具存，故史官得詳載焉。魏興，西域雖不能盡至，其大國龜茲、于寘、康居、烏孫、踈勒、月氏、鄯善、車師之屬，無歲不奉朝貢，略如漢氏故事。而公孫淵仍父祖三世有遼東，天子爲其絶域，委以海外之事，遂隔斷東夷，不得通於諸夏。景初中，大興師旅，誅淵，又潛軍浮海，收樂浪、帶方之郡，而後海表謐然，東夷屈服。其後高句麗背叛，又遣偏師致討，窮追極遠，逾烏丸、骨都，過沃沮，踐肅慎之庭，東臨大海。長老説有異面之人，近日之所出，遂周觀諸國，采其法俗，小大區别，各有名號，可得詳紀。雖夷狄之邦，而俎豆之象存。中國失禮，求之四夷，猶信。故撰次其國，列其同異，以接前史之所未備焉。

夫餘在長城之北，去玄菟千里，南與高句麗，東與挹婁，西與鮮卑接，北有弱水，方可二千里。户八萬，其民土著，有宫室、倉庫、牢獄。多山陵、廣澤，於東夷之域最平敞。土地宜五穀，不生五果。其人粗大，性强勇謹厚，不寇鈔。國有君王，皆以六畜名官，有馬加、牛加、猪加、狗加、大使、大使者、使者。邑落有豪民，名下户皆爲奴僕。諸加别主四出，道大者主數千家，小者數百家。食飲皆用俎豆，會同、拜爵、洗爵，揖讓升降。以殷正月祭天，國中大會，連日飲食歌舞，名曰迎鼓，於是時斷刑獄，解囚徒。在國衣尚白，白布大袂，袍、袴，履革鞜。出國則尚繒綉錦罽，大人加狐狸、狖白、黑貂之裘，以金銀飾帽。譯人傳辭，皆跪，手據地竊語。用刑嚴急，殺人者死，没其家人爲奴婢。竊盜一責十二。男女淫，婦人妒，皆殺之。尤憎妒，已殺，尸之國南山上，至腐爛。女家欲得，輸牛馬乃與之。兄死妻嫂，與匈奴同俗。其國善養牲，出名馬、赤玉、貂狖、美珠。珠大者如酸棗。以弓矢刀矛爲兵，家家自有鎧仗。國之耆老自説古之亡人。作城柵皆員，有似牢獄。行道晝夜無老幼皆歌，通日聲不絶。有軍事亦祭天，殺牛觀蹄以占吉凶，蹄解者爲凶，合者爲吉。有敵，諸加自戰，下户俱擔糧飲食之。其死，夏月皆用冰。殺人殉葬，多者百數。厚葬，有椁無棺。

夫餘本屬玄菟。漢末，公孫度雄張海東，威服外夷，夫餘王尉仇台更屬遼東。時句麗、鮮卑强，度以夫餘在二虜之間，妻以宗女。尉仇台死，簡位居立。無適子，有孽子麻余。位居死，諸加共立麻余。牛加兄子名位居，爲大使，輕財善施，國人附之，歲歲遣使詣京都貢獻。正始中，幽州刺史毌丘儉討句麗，遣玄菟太守王頎詣夫餘，位居遣大加郊迎，供軍糧。季父牛加有二心，位居殺季父父子，籍没財物，遣使簿斂送官。舊夫餘俗，水旱不調，五穀不熟，輒歸咎於王，或言當易，或言當殺。麻余死，其子依慮年六歲，立以爲王。漢時，夫餘王葬用玉匣，常豫以付玄菟郡，王死則迎取以葬。公孫淵伏誅，玄菟庫猶有玉匣一具。今夫餘庫有玉璧、珪、瓚數代之物，傳世以爲寶，耆老言先代之所賜也。其印文言『濊王之印』，國有故城名濊城，蓋本濊貊之地，而夫餘王其中，自謂『亡人』，抑有以也。

高句麗在遼東之東千里，南與朝鮮、濊貊，東與沃沮，北與夫餘接。都於丸都之下，方可二千

里，户三萬。多大山深谷，無原澤。隨山谷以爲居，食澗水。無良田，雖力佃作，不足以實口腹。其俗節食，好治宫室，於所居之左右立大屋，祭鬼神，又祀靈星、社稷。其人性凶急，喜寇鈔。其國有王，其官有相加、對盧、沛者、古雛加、主簿、優台丞、使者、皂衣先人，尊卑各有等級。東夷舊語以爲夫餘别種，言語諸事，多與夫餘同，其性氣衣服有異。本有五族，有涓奴部、絶奴部、順奴部、灌奴部、桂婁部。本涓奴部爲王，稍微弱，今桂婁部代之。漢時賜鼓吹技人，常從玄菟郡受朝服衣幘，高句麗令主其名籍。後稍驕恣，不復詣郡，于東界築小城，置朝服衣幘其中，歲時來取之，今胡猶名此城爲幘溝漊。溝漊者，句麗名城也。其置官，有對盧則不置沛者，有沛者則不置對盧。王之宗族，其大加皆稱古雛加。涓奴部本國主，今雖不爲王，適統大人，得稱古雛加，亦得立宗廟，祠靈星、社稷。絶奴部世與王婚，加古雛之號。諸大加亦自置使者、皂衣先人，名皆達於王，如卿大夫之家臣，會同坐起，不得與王家使者、皂衣先人同列。其國中大家不佃作，坐食者萬餘口，下户遠擔米糧魚鹽供給之。其民喜歌舞，國中邑落，暮夜男女群聚，相就歌戲。無大倉庫，家家自有小倉，名之爲桴京。其人絜清自喜，善藏釀。跪拜申一脚，與夫餘異，行步皆走。以十月祭天，國中大會，名曰東盟。其公會，衣服皆錦繡金銀以自飾。大加主簿頭著幘，如幘而無餘，其小加著折風，形如弁。其國東有大穴，名隧穴，十月國中大會，迎隧神還于國東上祭之，置木隧于神坐。無牢獄，有罪諸加評議，便殺之，没入妻子爲奴婢。其俗作婚姻，言語已定，女家作小屋於大屋後，名婿屋，婿暮至女家户外，自名跪拜，乞得就女宿，如是者再三，女父母乃聽使就小屋中宿，傍頓錢帛，至生子已長大，乃將婦歸家。其俗淫。男女已嫁娶，便稍作送終之衣。厚葬，金銀財幣，盡於送死，積石爲封，列種松柏。其

馬皆小，便登山。國人有氣力，習戰闘，沃沮、東濊皆屬焉。又有小水貊。句麗作國，依大水而居，西安平縣北有小水，南流入海，句麗别種依小水作國，因名之爲小水貊，出好弓，所謂貊弓是也。

王莽初發高句麗兵以伐胡，不欲行，强迫遣之，皆亡出塞爲寇盜。遼西大尹田譚追擊之，爲所殺。州郡縣歸咎于句麗侯騶，嚴尤奏言：『貊人犯法，罪不起于騶，且宜安慰。今猥被之大罪，恐其遂反。』莽不聽，詔尤擊之。尤誘期句麗侯騶至而斬之，傳送其首詣長安。莽大悦，布告天下，更名高句麗爲下句麗。當此時爲侯國，漢光武帝八年，高句麗王遣使朝貢，始見稱王。

至殤、安之間，句麗王宫數寇遼東，更屬玄菟。遼東太守蔡風、玄菟太守姚光以宫爲二郡害，興師伐之。宫詐降請和，二郡不進。宫密遣軍攻玄菟，焚燒候城，入遼隧，殺吏民。後宫復犯遼東，蔡風輕將吏士追討之，軍敗没。

宫死，子伯固立。順、桓之間，復犯遼東，寇新安、居鄉，又攻西安平，于道上殺帶方令，略得樂浪太守妻子。靈帝建寧二年，玄菟太守耿臨討之，斬首虜數百級，伯固降，屬遼東。熹平中，伯固乞屬玄菟。公孫度之雄海東也，伯固遣大加優居、主簿然人等助度擊富山賊，破之。

伯固死，有二子，長子拔奇，小子伊夷模。拔奇不肖，國人便共立伊夷模爲王。自伯固時，數寇遼東，又受亡胡五百餘家。建安中，公孫康出軍擊之，破其國，焚燒邑落。拔奇怨爲兄而不得立，與涓奴加各將下户三萬餘口詣康降，還住沸流水。降胡亦叛伊夷模，伊夷模更作新國，今日所在是

也。拔奇遂往遼東，有子留句麗國，今古雛加駮位居是也。其後復擊玄菟，玄菟與遼東合擊，大破之。

伊夷模無子，淫灌奴部，生子名位宮。伊夷模死，立以爲王，今句麗王宮是也。其曾祖名宮，生能開目視，其國人惡之，及長大，果凶虐，數寇鈔，國見殘破。今王生墮地，亦能開目視人。句麗呼相似爲位，似其祖，故名之爲位宮。位宮有力勇，便鞍馬，善獵射。景初二年，太尉司馬王率衆討公孫淵，宮遣主簿大加將數千人助軍。正始三年，宮寇西安平，其五年，爲幽州刺史毌丘儉所破。語在《儉傳》。

東沃沮在高句麗蓋馬大山之東，濱大海而居。其地形東北狹，西南長，可千里，北與挹婁、夫餘，南與濊貊接。户五千，無大君王，世世邑落，各有長帥。其言語與句麗大同，時時小異。漢初，燕亡人衛滿王朝鮮，時沃沮皆屬焉。漢武帝元封二年，伐朝鮮，殺滿孫右渠，分其地爲四郡，以沃沮城爲玄菟郡。後爲夷貊所侵，徙郡句麗西北，今所謂玄菟故府是也。沃沮還屬樂浪。漢以土地廣遠，在單單大領之東，分置東部都尉，治不耐城，别主領東七縣，時沃沮亦皆爲縣。漢建武六年，省邊郡，都尉由此罷。其後皆以其縣中渠帥爲縣侯，不耐、華麗、沃沮諸縣皆爲侯國。夷狄更相攻伐，唯不耐濊侯至今猶置功曹、主簿諸曹，皆濊民作之。沃沮諸邑落渠帥，皆自稱三老，則故縣國之制也。國小，迫于大國之間，遂臣屬句麗。句麗復置其中大人爲使者，使相主領，又使大加統責其租税，貊布、魚、鹽、海中食物，千里擔負致之，又送其美女以爲婢妾，遇之如奴僕。

其土地肥美，背山向海，宜五穀，善田種。人性質直强勇，少牛馬，便持矛步戰。食飲居處，衣服禮節，有似句麗。其葬作大木槨，長十餘丈，開一頭作户。新死者皆假埋之，才使覆形，皮肉盡，乃取骨置槨中。舉家皆共一槨，刻木如生形，隨死者爲數。又有瓦鑩，置米其中，編縣之於槨户邊。

毌丘儉討句麗，句麗王宮奔沃沮，遂進師擊之。沃沮邑落皆破之，斬獲首虜三千餘級，宮奔北沃沮。北沃沮一名置溝婁，去南沃沮八百餘里，其俗南北皆同，與挹婁接。挹婁喜乘船寇鈔，北沃沮畏之，夏月恒在山岩深穴中爲守備，冬月冰凍，船道不通，乃下居村落。王頎别遣追討宮，盡其東界。問其耆老『海東復有人不』，耆老言國人嘗乘船捕魚，遭風見吹數十日，東得一島，上有人，言語不相曉，其俗常以七月取童女沈海。又言有一國亦在海中，純女無男。又説得一布衣，從海中浮出，其身如中人衣，其兩袖長三丈。又得一破船，隨波出在海岸邊，有一人項中復有面，生得之，與語不相通，不食而死。其域皆在沃沮東大海中。

挹婁在夫餘東北千餘里，濱大海，南與北沃沮接，未知其北所極。其土地多山險。其人形似夫餘，言語不與夫餘、句麗同。有五穀、牛、馬、麻布。人多勇力，無大君長，邑落各有大人。處山林之間，常穴居，大家深九梯，以多爲好。土氣寒，劇於夫餘。其俗好養猪，食其肉，衣其皮。冬以猪膏塗身，厚數分，以禦風寒。夏則裸袒，以尺布隱其前後，以蔽形體。其人不絜，作溷在中央，人圍其表居。其弓長四尺，力如弩，矢用楛，長尺八寸，青石爲鏃，古之肅慎氏之國也。善射，射人皆入目。矢施毒，人中皆死。出赤玉，好貂，今所謂挹婁貂是也。自漢已來，臣屬夫餘，夫餘責其租賦重，以黄初

中叛之。夫餘數伐之，其人衆雖少，所在山險，鄰國人畏其弓矢，卒不能服也。其國便乘船寇盜，鄰國患之。東夷飲食類皆用俎豆，唯挹婁不，法俗最無綱紀也。

濊南與辰韓，北與高句麗、沃沮接，東窮大海，今朝鮮之東皆其地也。户二萬。昔箕子既適朝鮮，作八條之教以教之，無門户之閉而民不爲盜。其後四十餘世，朝鮮侯準僭號稱王。陳勝等起，天下叛秦，燕、齊、趙民避地朝鮮數萬口。燕人衛滿，魋結夷服，復來王之。漢武帝伐滅朝鮮，分其地爲四郡。自是之後，胡、漢稍别。無大君長，自漢已來，其官有侯邑君、三老，統主下户。其耆老舊自謂與句麗同種。其人性愿愨，少嗜欲，有廉耻，不請匄。言語法俗大抵與句麗同，衣服有異。男女衣皆著曲領，男子繫銀花廣數寸以爲飾。自單單大山領以西屬樂浪，自領以東七縣，都尉主之，皆以濊爲民。後省都尉，封其渠帥爲侯，今不耐濊皆其種也。漢末更屬句麗。其俗重山川，山川各有部分，不得妄相涉入。同姓不婚。多忌諱，疾病死亡輒捐棄舊宅，更作新居。有麻布，蠶桑作緜。曉候星宿，豫知年歲豐約。不以珠玉爲寶。常用十月節祭天，晝夜飲酒歌舞，名之爲舞天，又祭虎以爲神。其邑落相侵犯，輒相罰責生口牛馬，名之爲責禍。殺人者償死。少寇盜。作矛長三丈，或數人共持之，能步戰。樂浪檀弓出其地。其海出班魚皮，土地饒文豹，又出果下馬，漢桓時獻之。

正始六年，樂浪太守劉茂、帶方太守弓遵以領東濊屬句麗，興師伐之，不耐侯等舉邑降。其八年，詣闕朝貢，詔更拜不耐濊王。居處雜在民間，四時詣郡朝謁。二郡有軍征賦調，供給役使，遇之如民。

韓在帶方之南，東西以海爲限，南與倭接，方可四千里。有三種，一曰馬韓，二曰辰韓，三曰弁韓。辰韓者，古之辰國也。馬韓在西。其民土著，種植，知蠶桑，作緜布。各有長帥，大者自名爲臣智，其次爲邑借，散在山海間，無城郭。有爰襄國、牟水國、桑外國、小石索國、大石索國、優休牟涿國、臣濆沽國、伯濟國、速盧不斯國、日華國、古誕者國、古離國、怒藍國、月支國、咨離牟盧國、素謂乾國、古爰國、莫盧國、卑離國、占離卑國、臣釁國、支侵國、狗盧國、卑彌國、監奚卑離國、古蒲國、致利鞠國、冉路國、兒林國、駟盧國、内卑離國、感奚國、萬盧國、辟卑離國、臼斯烏旦國、一離國、不彌國、支半國、狗素國、捷盧國、牟盧卑離國、臣蘇塗國、莫盧國、古臘國、臨素半國、臣雲新國、如來卑離國、楚山塗卑離國、一難國、狗奚國、不雲國、不斯濆邪國、爰池國、乾馬國、楚離國，凡五十餘國。大國萬餘家，小國數千家，總十餘萬户。辰王治月支國。臣智或加優呼臣雲遣支報安邪踧支濆臣離兒不例拘邪秦支廉之號。其官有魏率善、邑君、歸義侯、中郎將、都尉、伯長。

侯準既僭號稱王，爲燕亡人衛滿所攻奪，將其左右宫人走入海，居韓地，自號韓王。其後絶滅，今韓人猶有奉其祭祀者。漢時屬樂浪郡，四時朝謁。

桓、靈之末，韓濊强盛，郡縣不能制，民多流入韓國。建安中，公孫康分屯有縣以南荒地爲帶方郡，遣公孫模、張敞等收集遺民，興兵伐韓濊，舊民稍出，是後倭韓遂屬帶方。景初中，明帝密遣帶方太守劉昕、樂浪太守鮮于嗣越海定二郡，諸韓國臣智加賜邑君印綬，其次與邑長。其俗好衣幘，下户詣郡朝謁，皆假衣幘，自服印綬衣幘千有餘人。部從事吴林以樂浪本統韓國，分割辰韓八國以

與樂浪，吏譯轉有異同，臣智激韓忿，攻帶方郡崎離營。時太守弓遵、樂浪太守劉茂興兵伐之，遵戰死，二郡遂滅韓。

其俗少綱紀，國邑雖有主帥，邑落雜居，不能善相制御。無跪拜之禮。居處作草屋土室，形如冢，其户在上，舉家共在中，無長幼男女之別。其葬有槨無棺，不知乘牛馬，牛馬盡於送死。以瓔珠爲財寶，或以綴衣爲飾，或以縣頸垂耳，不以金銀錦繡爲珍。其人性强勇，魁頭露紒，如炅兵，衣布袍，足履革蹻蹋。其國中有所爲及官家使築城郭，諸年少勇健者，皆鑿脊皮，以大繩貫之，又以丈許木鍤之，通日嚾呼作力，不以爲痛，既以勸作，且以爲健。常以五月下種訖，祭鬼神，群聚歌舞，飲酒晝夜無休。其舞，數十人俱起相隨，踏地低昂，手足相應，節奏有似鐸舞。十月農功畢，亦復如之。信鬼神，國邑各立一人主祭天神，名之天君。又諸國各有別邑，名之爲蘇塗。立大木，縣鈴鼓，事鬼神。諸亡逃至其中，皆不還之，好作賊。其立蘇塗之義，有似浮屠，而所行善惡有異。其北方近郡諸國差曉禮俗，其遠處直如囚徒奴婢相聚。無他珍寶。禽獸草木略與中國同。出大栗，大如梨。又出細尾鷄，其尾皆長五尺餘。其男子時時有文身。又有州胡在馬韓之西海中大島上，其人差短小，言語不與韓同，皆髡頭如鮮卑，但衣韋，好養牛及猪。其衣有上無下，略如裸勢。乘船往來，市買韓中。

辰韓在馬韓之東，其耆老傳世，自言古之亡人避秦役來適韓國，馬韓割其東界地與之。有城柵。其言語不與馬韓同，名國爲邦，弓爲弧，賊爲寇，行酒爲行觴。相呼皆爲徒，有似秦人，非但燕、齊之名物也。名樂浪人爲阿殘；東方人名我爲阿，謂樂浪人本其殘餘人。今有名之爲秦韓者。始

有六國，稍分爲十二國。

弁辰亦十二國，又有諸小別邑，各有渠帥，大者名臣智，其次有險側，次有樊濊，次有殺奚，次有邑借。有已柢國、不斯國、弁辰彌離彌凍國、弁辰接塗國、勤耆國、難彌離彌凍國、弁辰古資彌凍國、弁辰古淳是國、冉奚國、弁辰半路國、弁辰樂奴國、軍彌國、弁辰彌烏邪馬國、如湛國、弁辰甘路國、户路國、州鮮國、弁辰狗邪國、弁辰走漕馬國、弁辰安邪國、弁辰瀆盧國、斯盧國、優由國。弁、辰韓合二十四國，大國四五千家，小國六七百家，總四五萬户。其十二國屬辰王。辰王常用馬韓人作之，世世相繼。辰王不得自立爲王。土地肥美，宜種五穀及稻，曉蠶桑，作縑布，乘駕牛馬。嫁娶禮俗，男女有別。以大鳥羽送死，其意欲使死者飛揚。國出鐵，韓、濊、倭皆從取之。諸市買皆用鐵，如中國用錢，又以供給二郡。俗喜歌舞飲酒。有瑟，其形似筑，彈之亦有音曲。兒生，便以石厭其頭，欲其褊。今辰韓人皆褊頭。男女近倭，亦文身。便步戰，兵仗與馬韓同。其俗，行者相逢，皆住讓路。

弁辰與辰韓雜居，亦有城郭。衣服居處與辰韓同。言語法俗相似，祠祭鬼神有異，施竈皆在户西。其瀆盧國與倭接界。十二國亦有王，其人形皆大。衣服絜清，長髮。亦作廣幅細布。法俗特嚴峻。

倭人在帶方東南大海之中，依山島爲國邑。舊百餘國，漢時有朝見者，今使譯所通三十國。從郡至倭，循海岸水行，歷韓國，乍南乍東，到其北岸狗邪韓國，七千餘里，始度一海，千餘里至對馬國。其大官曰卑狗，副曰卑奴母離。所居絶島，方可四百餘里，土地山險，多深林，道路如禽鹿徑。有

千餘户，無良田，食海物自活，乘船南北市糴。又南渡一海千餘里，名曰瀚海，至一大國，官亦曰卑狗，副曰卑奴母離。方可三百里，多竹木叢林，有三千許家，差有田地，耕田猶不足食，亦南北市糴。又渡一海，千餘里至末盧國，有四千餘户，濱山海居，草木茂盛，行不見前人。好捕魚鰒，水無深淺，皆沈没取之。東南陸行五百里，到伊都國，官曰爾支，副曰泄謨觚、柄渠觚。有千餘户，世有王，皆統屬女王國，郡使往來常所駐。東南至奴國百里，官曰兕馬觚，副曰卑奴母離，有二萬餘户。東行至不彌國百里，官曰多模，副曰卑奴母離，有千餘家。南至投馬國，水行二十日，官曰彌彌，副曰彌彌那利，可五萬餘户。南至邪馬臺國，女王之所都，水行十日，陸行一月。官有伊支馬，次曰彌馬升，次曰彌馬獲支，次曰奴佳鞮，可七萬餘户。自女王國以北，其户數道里可得略載，其餘旁國遠絶，不可得詳。次有斯馬國，次有已百支國，次有伊邪國，次有都支國，次有彌奴國，次有好古都國，次有不呼國，次有姐奴國，次有對蘇國，次有蘇奴國，次有呼邑國，次有華奴蘇奴國，次有鬼國，次有爲吾國，次有鬼奴國，次有邪馬國，次有躬臣國，次有巴利國，次有支惟國，次有烏奴國，次有奴國，此女王境界所盡。其南有狗奴國，男子爲王，其官有狗古智卑狗，不屬女王。自郡至女王國萬二千餘里。

男子無大小皆黥面文身。自古以來，其使詣中國，皆自稱大夫。夏后少康之子封於會稽，斷髮文身以避蛟龍之害。今倭水人好沈没捕魚蛤，文身亦以厭大魚水禽，後稍以爲飾。諸國文身各異，或左或右，或大或小，尊卑有差。計其道里，當在會稽、東冶之東。其風俗不淫，男子皆露紒，以木綿招頭。其衣横幅，但結束相連，略無縫。婦人被髮屈紒，作衣如單被，穿其中央，貫頭衣之。種禾稻、紵麻，蠶桑，緝績，出細紵、縑綿。其地無牛馬虎豹羊鵲。兵用矛、楯、木弓。木弓短下長上，竹箭或鐵鏃或骨鏃，所有無與儋耳、朱崖同。倭地温暖，冬夏食生菜，皆徒跣。有屋室，父母兄弟卧息異處，以朱丹塗其身體，如中國用粉也。食飲用籩豆，手食。其死，有棺無槨，封土作冢。始死停喪十餘日，當時不食肉，喪主哭泣，他人就歌舞飲酒。已葬，舉家詣水中澡浴，以如練沐。其行來渡海詣中國，恒使一人，不梳頭，不去蟣蝨，衣服垢污，不食肉，不近婦人，如喪人，名之爲持衰。若行者吉善，共顧其生口財物；若有疾病，遭暴害，便欲殺之，謂其持衰不謹。出真珠、青玉。其山有丹，其木有柟、杼、豫樟、楺櫪、投橿、烏號、楓香，其竹篠簳、桃支。有薑、橘、椒、蘘荷，不知以爲滋味。有獮猴、黑雉。其俗舉事行來，有所云爲，輒灼骨而卜，以占吉凶，先告所卜，其辭如令龜法，視火坼占兆。其會同坐起，父子男女無別，人性嗜酒。見大人所敬，但搏手以當跪拜。其人壽考，或百年，或八九十年。其俗，國大人皆四五婦，下户或二三婦。婦人不淫，不妒忌。不盗竊，少諍訟。其犯法，輕者没其妻子，重者滅其門户。及宗族尊卑，各有差序，足相臣服。收租賦。有邸閣。國國有市，交易有無，使大倭監之。自女王國以北，特置一大率，檢察諸國，諸國畏憚之。常治伊都國，於國中有如刺史。王遣使詣京都、帶方郡、諸韓國，及郡使倭國，皆臨津搜露，傳送文書賜遺之物詣女王，不得差錯。下户與大人相逢道路，逡巡入草；傳辭説事，或蹲或跪，兩手據地，爲之恭敬。對應聲曰噫，比如然諾。

其國本亦以男子爲王，住七八十年，倭國亂，相攻伐歷年，乃共立一女子爲王，名曰卑彌呼，事

鬼道，能惑衆，年已長大，無夫婿，有男弟佐治國。自爲王以來，少有見者。以婢千人自侍，唯有男子一人給飲食，傳辭出入。居處宮室樓觀，城栅嚴設，常有人持兵守衛。

女王國東渡海千餘里，復有國，皆倭種。又有侏儒國在其南，人長三四尺，去女王四千餘里。又有裸國、黑齒國復在其東南，船行一年可至。參問倭地，絶在海中洲島之上，或絶或連，周旋可五千餘里。

景初二年六月，倭女王遣大夫難升米等詣郡，求詣天子朝獻，太守劉夏遣吏將送詣京都。其年十二月，詔書報倭女王曰：『制詔親魏倭王卑彌呼：帶方太守劉夏遣使送汝大夫難升米、次使都市牛利奉汝所獻男生口四人，女生口六人、班布二匹二丈，以到。汝所在逾遠，乃遣使貢獻，是汝之忠孝，我甚哀汝。今以汝爲親魏倭王，假金印紫綬，裝封付帶方太守假授汝。其綏撫種人，勉爲孝順。汝來使難升米、牛利涉遠，道路勤勞，今以難升米爲率善中郎將，牛利爲率善校尉，假銀印青綬，引見勞賜遣還。今以絳地交龍錦五匹、絳地縐粟罽十張、蒨絳五十匹、紺青五十匹，答汝所獻貢直。又特賜汝紺地句文錦三匹、細班華罽五張、白絹五十匹、金八兩、五尺刀二口、銅鏡百枚、真珠、鉛丹各五十斤，皆裝封付難升米、牛利還到録受。悉可以示汝國中人，使知國家哀汝，故鄭重賜汝好物也。』

正治元年，太守弓遵遣建忠校尉梯儁等奉詔書印綬詣倭國，拜假倭王，并齎詔賜金、帛、錦罽、刀、鏡、采物，倭王因使上表答謝恩詔。其四年，倭王復遣使大夫伊聲耆、掖邪狗等八人，上獻生口、

倭錦、絳青縑、綿衣、帛布、丹木、𤝔、短弓矢。掖邪狗等壹拜率善中郎將印綬。其六年，詔賜倭難升米黄幢，付郡假授。其八年，太守王頎到官。倭女王卑彌呼與狗奴國男王卑彌弓呼素不和，遣倭載斯、烏越等詣郡説相攻擊狀。遣塞曹掾史張政等因齎詔書、黄幢，拜假難升米爲檄告喻之。卑彌呼以死，大作冢，徑百餘步，徇葬者奴婢百餘人。更立男王，國中不服，更相誅殺，當時殺千餘人。復立卑彌呼宗女壹與，年十三爲王，國中遂定。政等以檄告喻壹與，壹與遣倭大夫率善中郎將掖邪狗等二十人送政等還，因詣臺，獻上男女生口三十人，貢白珠五千孔，青大句珠二枚，異文雜錦二十匹。

評曰：《史》、《漢》著朝鮮、兩越，東京撰録西羌。魏世匈奴遂衰，更有烏丸、鮮卑，爰及東夷，使譯時通，記述隨事，豈常也哉！